영어쓰기지도

영어쓰기지도

홍선미, 최영임

한국문화사

영어쓰기지도

인쇄 / 2014년 9월 5일
발행 / 2014년 9월 10일

지은이 / 홍선미, 최영임
펴낸이 / 김 진 수
펴낸곳 / **한국문화사**
주소 / 133-110 서울특별시 성동구 광나루로 130 서울숲IT캐슬 1310호
전화 / (02)464-7708 / 3409-4488
팩시밀리 / (02)499-0846
등록번호 / 제2-1276호
등록일 / 1991년 11월 9일
홈페이지 / www.hankookmunhwasa.co.kr
이메일 / hkm7708@hanmail.net
가격 / 15,000원

잘못된 책은 바꾸어 드립니다.
이 책의 내용은 저작권법에 따라 보호받고 있습니다.

ISBN 978-89-6817-165-9 93740

이 도서의 국립중앙도서관 출판시도서목록(CIP)은 e-CIP 홈페이지(http://www.nl.go.kr/cip.php)에서 이용하실 수 있습니다.
(CIP제어번호: CIP2009003077)

머리말

영어쓰기는 영어능력향상에서 가장 어려운 스킬로써 많은 학습자는 물론 많은 선생님들도 어떻게 쓰기 능력을 재미있고 꾸준히 준비시켜서 그 능력을 향상시킬지 고민을 많이 한 영역이기도 하다. 영어쓰기지도는 학습자의 영어쓰기능력을 향상시킬 수 있는 이론적 배경과 실질적 방법을 제시하고 있을 뿐만 아니라 교사로서 어떻게 학습자의 영어쓰기 실력을 향상시킬 수 있는지 다양한 교수방법도 아울러 제시하고 있다. 영어적 사고 개발하기, 영어적 표현 익히기, 영어문장 구조 이해하기, 의견과 생각을 영어로 정리하기, 매일 꾸준히 연습하기 등의 필수적인 요소를 담고 있다. 영어쓰기지도란 과정으로 국제사이버대학교 영어지도학과에 대표적인 영어능력향상 지도과정의 하나로서 자리매김할 수 있어서 너무 뜻 깊고 감개무량하다. 역대 여러 교수들이 이 과정을 담당하였지만 영어쓰기지도 과정을 실용적이면서 쉽게 접근하도록 구성한 최영임 교수에게 감사의 뜻을 전하고 또 한번의 교재 발간을 준비해 준 한국문화사에게도 깊은 감사의 뜻을 표하는 바이다.

무더위가 한풀꺾인 어느날
홍선미

영어의 말하기, 듣기, 읽기, 쓰기 중에서 쓰기 영역은 제일 어려워하는 영역 중 하나이다. 눈으로 본 영어를 후두엽에서 읽고, 측두엽에 저장해 놓은 정보를 활용하여 전두엽에서 다시 한번 재창조하여 밖으로 표출되는 작업이기 때문에 그러하다. 듣기는 귀로 듣고 이해만 하면 되고, 읽기도 눈으로 보고 이해만 하면 되지만 말하기나 쓰기의 경우 이해한 것을 다시 나만의 방식으로 밖으로 내보내야 하는 분야이기 때문에 고차원적인 훈련이 필요하다. 또한 쓰기는 문자언어의 특성상 맞춤법이나 문법, 구두점 등이 맞아야 하고, 문자 언어의 복잡성, 영구성

등으로 인해 더욱 신중을 기하는 영역이고, 조심스러운 부분이다. 그러나 이 책과 강의를 통해 무지로 인한 두려움을 날려버리고, 과학적이고 체계적인 영어쓰기지도의 기초를 탄탄하게 준비해보자.

아울러 영어쓰기지도 과목설계부터 시작하여 촬영모니터링, 교재개발까지 아낌없는 지원과 지도를 해주신 은사님이신 홍선미 학과장님께 깊은 감사의 마음을 전한다. 또한 영어쓰기지도 과목을 위해 자신을 글을 게재하도록 허락해준 곽두일, 이명애 선생님과 단문과 중문 쓰기 연습에서 시냅스 메소드 예문을 사용하도록 허락해 준 최기영 선생님께 감사의 마음을 전한다.

입추에 들어서며...
최영임

차례

머리말 / 5

Unit1 영어쓰기지도 과목 OT ································· 11
1강 과목 소개, 강좌의 구성, 평가 ··························· 12
2강 영어쓰기지도 이론적 배경과 쓰기의 특성 ············· 13
3강 언어의 특성과 교수학습 방법 ··························· 17

Unit2 영어쓰기지도이론 ······································· 23
1강 쓰기활동의 유형, 효과적인 글쓰기 방법 ··············· 24
2강 Synapse method ·· 28
3강 한국어와 영어의 구조 차이 이해 ······················· 32

Unit3 영어쓰기시험 평가 기준 ······························· 37
1강 영어 쓰기 시험 평가 기준 ································ 38
2강 고득점을 위한 학습 방법 ································· 41
3강 문자언어의 이해 ·· 43

Unit4 단문 쓰기 연습 ·· 51
1강 단문 쓰기 연습 1 ·· 52
2강 단문 쓰기 연습 2 ·· 57
3강 채팅으로 쓰기 연습하기 ·································· 61

Unit5 중문 쓰기 연습 ·· 67
1강 중문 쓰기 연습 1 ·· 68
2강 중문 쓰기 연습 2 ·· 73

3강 이메일 쓰기 ·· 78

Unit6 실용적인 글쓰기 ·· 85
1강 이력서 쓰기 ·· 86
2강 자기소개서 쓰기 ·· 90
3강 로마자 표기법 ·· 95

Unit7 영시 쓰기 ·· 99
1강 영시 쓰기 연습 1 ··· 100
2강 영시 쓰기 연습 2 ··· 104
3강 전치사 활용 쓰기 연습 ·· 109

Unit8 영어 일기 쓰기 ·· 115
1강 영어일기 쓰기 1 ··· 116
2강 영어일기 쓰기 2 ··· 122
3강 동사의 과거형 쓰기 ··· 126

Unit9 언어능력 쓰기 시험대비 - NEAT ······················ 133
1강 NEAT 시험 유형과 전략 ··· 134
2강 NEAT 글쓰기 1 ··· 138
3강 NEAT 글쓰기 2 ··· 143

Unit10 언어능력 쓰기 시험대비 _ TOEIC ···················· 149
1강 TOEIC 시험 유형과 전략 ·· 150
2강 TOEIC 글쓰기 1 ·· 154
3강 TOEIC 글쓰기 2 ·· 159

Unit11 자유로운 글쓰기 ·· 165
1강 주제문 쓰기 1 ··· 166

2강 주제문 쓰기 2 ·· 170
3강 가정법 글쓰기 연습 ·· 177

Unit 12 형식적인 글쓰기 ·· 181
1강 영어 논문 쓰기 1 ··· 182
2강 영어 논문 쓰기 2 ··· 187
3강 복문 쓰기 연습 - 쓰기 교정 연습 ································ 193

UNIT
영 · 어 · 쓰 · 기 · 지 · 도

1강 과목 소개, 강좌의 구성, 평가
2강 영어쓰기지도 이론적 배경과 쓰기의 특성
3강 언어의 특성과 교수학습 방법

1강 과목 소개, 강좌의 구성, 평가

■ **학습목표**
영어쓰기지도 과목의 전반적인 내용을 파악하고, 평가방식과 각 강좌의 구성을 이해한다.

● 영어쓰기지도 과정

수업개요 : 영어쓰기 지도법에 대한 이론적 배경과 문법을 토대로 효과적인 글쓰기를 위한 다양한 쓰기 활동을 경험해 본다. 또한 쓰기 평가 기준을 숙지하여 NEAT 등 공인 영어 쓰기 시험에 대비한다.

수업목표 : 영어의 네 가지 기술의 마지막 단계인 영어쓰기지도는 대학생 수준의 기본적인 학문적 영어 문장을 구사하여 자신의 생각과 의견을 효과적으로 나타낼 수 있도록 지도하는데 그 목적이 있다.

수업계획

주	주제	내용
1	과목소개 및 영어 쓰기 지도	과목소개, 강좌구성, 평가방법 쓰기지도의 이론적 배경, 언어의 특성과 교수학습 방법
2	영어쓰기지도 이론	쓰기활동의 유형, 효과적인 글쓰기 방법 Synapse method, 한국어와 영어의 구조 차이 이해
3	영어쓰기 시험 평가 기준	영어 쓰기 시험 평가 기준, 고득점을 위한 학습방법 문자언어의 이해
4	단문 쓰기 연습	단문쓰기 연습 1, 2 채팅으로 쓰기 연습하기
5	중문쓰기 연습	중문쓰기 연습 1, 2 이메일 쓰기
6	실용적인 글쓰기	이력서 작성, 자기소개서 쓰기, 과제 안내
7	중간정리	1강 - 6강 정리
8	영시쓰기	영시 쓰기 연습 1, 2 전치사 활용 쓰기 연습
9	영어일기쓰기	영어 일기쓰기 1, 2 동사의 과거형 쓰기
10	영어능력 쓰기 시험대비 NEAT	NEAT 시험 유형과 전략, NEAT 대비 글쓰기 1, 2
11	영어능력 쓰기 시험 대비 TOEIC	TOEIC 시험 유형과 전략, TOEIC 글쓰기 1, 2
12	자유로운 글쓰기	주제문 쓰기 1, 2 가정법 글쓰기 연습
13	형식적인 글쓰기	영어 논문 쓰기 1, 2 복문쓰기 연습
14	총정리	8강 - 13강 총정리
15	기말고사	시험

Quiz 1 과제는 무엇인가요? 이력서와 자기소개서 제출

Quiz 2 담당교수의 관심분야는 무엇인가요? 성격유형별 영어교육

2강 영어쓰기지도의 이론적 배경과 쓰기의 특성

■ 학습목표

1. 과정중심 쓰기지도와 결과중심 쓰기 지도의 개념을 이해한다.
2. 쓰기의 특성을 이해한다.

Today's Saying 영작하기

열심히 노력했음에도 원하는 결과가 나오지 않는 것은 그 노력이 잘못되었기 때문이 아니라 아직 더 해야 할 노력이 남아 있었기 때문입니다.

- 최초의 한국인 우주인 이소연 -

KOR	나이 열심히 노력했음에도 불구하고
ENG	Despite my best efforts

KOR	원하는 결과가 나오지 않는 것은
ENG	when I didn't get the result I wanted

| KOR | 그 노력이 잘못되었기 때문이 아니라 |
| ENG | It was not because the efforts were wrong |

| KOR | 아직 더 해야 할 노력이 남아 있었기 때문입니다. |
| ENG | But because more efforts were needed. |

열심히 노력했음에도 원하는 결과가 나오지 않는 것은 그 노력이 잘못되었기 때문이 아니라 아직 더 해야 할 노력이 남아 있었기 때문입니다.

Despite my best efforts when I didn't get the result I wanted it was not because the efforts were wrong but because more efforts were needed.

- 최초의 한국인 우주인 이소연 -
So-yeon, Yi. First Korean Astronaut
Translated by Sun-ae, Kim

한국인 최초의 우주인이자 과학자로서, 전세계적으로는 475번째, 여성으로서는 49번째 우주인, 역대 3번째로 나이가 어린 여성 우주인이 되었고, 한국항공우주연구원 연구원으로 2년간 활동했다.

● 쓰기지도의 이론적 배경

<학습 순서>
말하기·듣기: 듣기 → 말하기
읽기·쓰기: 단어암기 → 문법이해 → 읽기 → 쓰기

과거의 쓰기지도 : 쓰기는 주로 집에서 해 오는 과제물로서 문법적 오류만 수정해 주는 결과 중심 쓰기 접근법 (writing as a product approach)

현재의 쓰기 지도 : 결과 중심 쓰기 접근법의 문제점이 나타나자 새로운 방향의

과정중심 쓰기 접근법 (writing as a process approach)이 나타났다. 쓰기의 결과보다는 과정을 중시하여 여러 번 반복해서 고쳐 쓰기를 거쳐서 만들어 낸다.

● **과제중심 쓰기 접근법**

한 번에 영어 쓰기를 하는 것은 불가능할 것이다.
단번에 최종적으로 완성된 글을 제출하라고 강요하지 않는다.
훌륭한 글쓰기는 여러 번 반복해서 쓰고, 고치는 과정을 거친 결과물이다.
학습자가 스스로 자신의 글 쓰는 과정을 이해하는 것이 중요하다.
쓰기 전 단계와 초고, 재고, 편집 단계 등을 거치며 여러 번의 수정(본인, 동료, 교사) 작업을 거쳐서 완성시켜 간다.
쓰기의 궁극적인 목적은 결과물이다. 과정중심 쓰기 접근법이라고 해서 결과물이 경시되는 것은 아니다. 모든 쓰기 시험의 평가는 결과물로 이루어진다.
작문 능력의 향상은 최종 결과보다는 과정을 중요시하는 데 있다.

● **과정중심 쓰기 지도: 교사 역할**(Brown, 2001)

교사는 영어 쓰기의 과정에 초점을 맞춘다.
학습자 스스로 자신의 영작 과정을 중요하게 생각하도록 돕는다.
충분한 쓰기 시간을 준다.
쓰기 전 단계에서 충분히 생각하고 적절한 전략(brain storming, prewriting, drafting, rewriting 등)을 구사한다.
학생의 흥미를 고려하여 스스로 원하는 주제를 찾도록 한다.
동료나 교사의 피드백을 통해 여러 번 초고 수정의 과정을 거친다.
교사와 학습자가 1대1로 만나서 상호작용을 통해 쓰기를 지도한다. (individual conferences)

● **쓰기의 특성**(황종배, 2003, p.135)

영속성(permanence) : 쓰기는 말하기보다는 더 신중하게 된다. 그 이유는 일단 쓴 글이 읽는 이에게 선날된 후에는 수정이 불가능하기 때문이다.
산출시간(production time) : 즉흥적인 말하기보다 최종적으로 글을 쓴 결과물이

나오기 까지 시간이 걸린다.

거리(distance) : 글을 쓰는 사람과 읽는 사람은 시대와 장소에서 떨어져 있게 된다. 따라서 글을 읽는 사람은 글쓴이의 의도를 파악하기 위해 작가와 글을 쓴 시대에 대한 배경지식이 필요하다.

철자법(orthography) : 학습의 초기에 철자법 등 문법적인 요소에 초점을 맞추어 지도한다.

복잡성(complexity) : 말하기보다 복문의 사용이 빈번해 지는 등 충분한 글쓰기 시간이 있는 만큼 문장은 점점 복잡해 진다.

어휘(vocabulary) : 구어체와 문어체는 다르다. 글쓰기를 잘 하기 위해서는 어휘를 암기해야 한다.

격식성(formality) : 구두언어와 다르게 문자언어는 상황에 따라 격식을 갖추는 경우가 더 많다

Question
1. 결과중심 쓰기 지도에 대해서 설명하시오.
2. 과정중심 쓰기 지도에 대해서 설명하시오.
3. 쓰기의 특성에 대해서 설명하시오.

> **Quiz 1** 쓰기의 특성은? 영속성, 산출시간, 거리, 철자법, 복잡성, 어휘, 격식성 등
> **Quiz 2** 최근의 쓰기지도 접근법은? 과정중심 쓰기지도

3강 언어의 특성과 교수학습 방법

■ 학습목표
1. 언어의 특성을 이해한다.
2. 언어의 특성에 따른 교수학습 방법을 이해한다.

● 언어의 특성

전 세계의 사람들은 대개 5세 정도가 되면 모국어를 완벽하게 습득한다. 5세 아동을 관찰해 보면 이런 언어능력 이외에 신체적인 능력이 부족해서 체육을 못하고 인지능력이 낮아서 수학이나 과학을 못한다. 그러나 유일하게 언어는 잘한다. 최근 기술의 발달로 MRI 등으로 뇌를 실험 연구한 결과 언어를 습득할 때 사용되는 뇌의 영역과 기타 수학이나 국사 등의 일반 학문 과목을 학습할 때 사용되는 뇌의 영역이 다르다는 것이 밝혀졌다.

● 'Sudden flash' learning

Johnson(2008)은 그의 저서에서 공부를 해도 실력이 오르지 않지만 이것이 무의식에 쌓였다가 일정한 수준에 이르면 어느 날 갑자기 영어 실력 향상을 학습자가 느끼는 방식의 학습을 'Sudden flash' learning이라고 설명했다.

아무리 공부해도 성적이 오르지 않는 구간이 연령에 따라서 다르지만 성인의 경우 1~2년 정도 된다. 이를 모를 경우 몇 개월 열심히 공부했는데 성적이 오르지 않았다고 영어를 포기하는 사람들이 많다. 영어를 공부해도 성적이 오르지 않는 것은 당연한 결과이고 실력향상을 느낄 수 없지만 무의식에 쌓이고 있는 중이라는 것을 믿고 매일매일 꾸준히 감을 익혀야 한다.

● 영어의 학습곡선

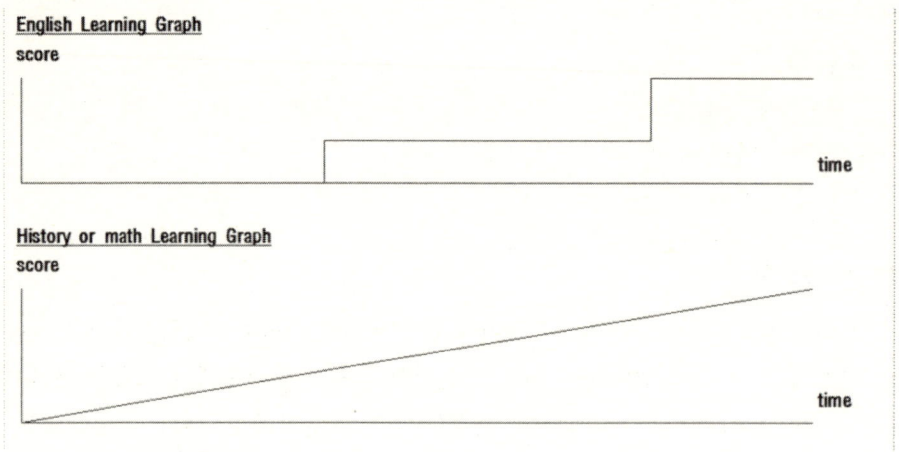

● 언어학습과 동기

내적 동기(Intrinsic Motivation) : 아무런 보상 없이 본인이 스스로 원해서 영어를 공부하는 경우

외적 동기(Extrinsic Motivation) : 타인이 원하거나 보상을 주기 때문에 영어를 학습하는 경우

 쥐 실험

- A-Group 쥐들에게는 병뚜껑이 있는 병을 주고 아무런 보상을 주지 않았다.
- B-Group 쥐들에게는 병뚜껑을 따면 먹을 것을 주는 보상을 주었다.
- 6개월 후 A와 B중 어느 그룹의 쥐들이 병뚜껑을 더 잘 땄을까?

● 언어의 네 가지 기술

Reading and Writing(Grammar) 학문의 영역

Speaking and Listening 언어의 영역

Listening, Reading - 반 영구적 (Receptive skill 수용적 기술)

Speaking, Writing - 후속관리 필요 (Productive skill 표현적 기술)

● 양질 전환의 법칙

모국어를 배우는 아동이 8개월 - 24개월 사이에 접하는 모국어의 양은 엄청나다.
양이 쌓여야 질로 전환된다.
절대적 양이 바탕이 되지 않으면 질로 바뀌지 않는다.
영어완성 1만 1680시간의 법칙 (이재연, 2012)
영어를 좋아해야 가능하다.
그래서 성격에 맞는 학습방법이 필요하다.

4년 → 매일 8시간
8년 → 매일 4시간
16년 → 매일 2시간
32년 → 매일 1시간
64년 → 매일 30분

● 외향형과 내향형의 쓰기 교수학습 방법

외향형 (Group Work이 효과적)

내향형 (혼자 또는 1:1 수업이 효과적)

● 감각형과 직관형의 쓰기 교수학습 방법

아르놀피니 부부의 초상
감각형은 사실주의 화가의 작품처럼 마치 사진을 보듯이 묘사한다.

감각형 학습자는 영작 시 구체적인 사실 묘사를 잘하며 세부적인 사항에 집중한다.

고흐의 별이 빛나는 밤에
직관형은 인상주의 화가의 작품처럼 느낌으로 묘사한다.

직관형 학습자는 영작 시 글의 전개에 있어서 비약을 잘하고, 창의적인 글쓰기를 한다.

● **핀란드와 한국의 영어교육 비교**

영어교육 도입 시기 동일: 1883년

	한국	핀란드
초등학교 영어 수업 시수	204시간	344시간 (140시간 차이)
목표	의사소통 능력 향상	의사소통 능력 향상
영어교사	교사의 전체 영어 강의 강조	관용어 사용 권장 (교사 학생 모두) 교사가 자신 있는 부분부터 점진적인 영어 사용 비율을 높이도록 함

한국에만 있는 영어 학습 변인 : 체면(Face factor)
체면이 영어 학습에 영향을 미친다.

Question

1. 영어학습에 긍정적 영향을 미치는 동기는?
2. 한국인에게만 나타나는 영어 학습에 영향을 미치는 요소는?
3. 외향형 학습자와 내향형 학습자의 쓰기 지도의 차이점에 대해서 설명하시오.

Quiz 1   영어학습에 긍정적 영향을 미치는 동기는? 내적동기
Quiz 2   한국인에게만 나타나는 영어 학습에 영향을 미치는 요소는? 체면

UNIT
영·어·쓰·기·지·도·이·론

1강 쓰기활동의 유형, 효과적인 글쓰기 방법
2강 Synapse method
3강 한국어와 영어의 구조 차이 이해

1강 쓰기활동의 유형, 효과적인 글쓰기 방법

■ 학습목표
1. 쓰기 활동의 유형을 이해하고 글쓰기에 활용한다.
2. 효과적인 글쓰기와 비효과적인 글쓰기를 비교하고 이해한다.

Today's Saying 영작하기

나이 드는 것은 어쩔 수 없지만 늙은이가 될 필요는 없다.
―조지 번즈―

| KOR | 나이 드는 것은 어쩔 수 없지만 |
| ENG | You can not help getting older, |

| KOR | 늙은이가 될 필요는 없다. |
| ENG | but you do not have to get old. |

문법(Grammar)
can not help V-ing : V하지 않을 수 없는, 어쩔 수 없는
do not have to : -할 필요 없는

나이 드는 것은 어쩔 수 없지만 늙은이가 될 필요는 없다.
You can not help getting older, but you do not have to get old.
- George Burns -

■ George Burns

미국에서 가장 인기 있는 코미디언 중 한 명인 George Burns는 'The Sunshine Boys'에서 80세의 나이로 아카데미 남우조연상을 받았고, 100세가 되는 1996년 직전까지 왕성한 활동을 했다. 우리가 경계해야 할 것은 나이 먹는 것 자체가 아니라, 나이를 핑계 삼는 우리 자신의 게으름과 나약함일 것이다.

● 쓰기 활동의 유형

■ 쓰기 전 단계

초고, 재고, 편집 단계

최근 과정 중심 쓰기 접근법의 추세에서 쓰기 전 단계가 쓰기의 성패를 좌우하는 중요한 단계로 간주된다.

■ 쓰기전 활동의 종류

1. Brainstorming (아이디어 내기)
2. Clustering (아이디어 묶어주기)
3. Strategic questioning (의도적 질문하기)
4. Sketching (구상하기, 구도잡기)
5. Free-writing (자유 글쓰기)

■ 교실 쓰기 활동 유형(Brown, 2007)

1. Imitative, or writing down : 초보 학습자들이 영어의 철자법이나 쓰기의 관례를 익히기 위해 그대로 베껴 쓰는 것.
2. Intensive, or controlled : 특정 어휘나 문법 구조를 익히기 위한 활동으로 예를 들어 능동태를 수동태로 바꾸는 연습의 글쓰기나 현재 시제를 과거 시제로 바꾸는 등의 연습을 의미한다.
3. Self-writing : 강의를 받아 적거나 수업 후 학습일지 등을 쓰는 활동.
4. Display writing : 시험의 답안 쓰기나 보고서 쓰기로 글을 전체적으로 구성하고 상황을 고려하여 글쓰기를 한다.
5. Real writing : 실제 상황에서 활용하는 글쓰기로 이력서 쓰기나 엽서 보내기, 이메일 쓰기 등이 해당된다.

● 쓰기 활동 예시

학습활동 : 구두점 표시하기
학습수준 : 초급
학습목표 : 영어의 기본적인 구두점 체계를 이해한다.

다음 문장은 대문자나 소문자의 사용 규칙, 쉼표, 마침표, apostrophe의 사용 규칙을 적용하지 않은 영어 작문이다. 글을 읽고 구두점을 표시하시오.

jimin came back from school she went to the computer she was going to play an online game with her friends these days she is crazy about a new game when she turned on the computer she noticed that she had received an e-mail from her english teacher it was about her homework

Ji-min came back from school. She went to the computer. She was going to play an online game with her friends. These days, she is crazy about a new game. When she turned on the computer, she noticed that she had received an e-mail from her English teacher. It was about her homework.

● 효과적인 글쓰기

■ 작문을 잘하는 학습자과 못하는 학습자 (Gebhard, 1996)

작문을 잘하는 학습자	작문을 못하는 학습자
과업에 대해서 생각한 후 다양한 쓰기 전 단계의 전략을 구사한다.	쓰기 전 단계의 전략 없이 혼란스러워 하면서 작문을 시작한다.
일단 글의 구성이 잡히면 아이디어를 빨리 글로 옮긴다.	아이디어를 글로 옮기는 데 시간이 많이 걸린다.
수정단계에서 형식보다 의미에 초점을 맞춘다.	세부사항에 초점을 맞추다가 전체적인 맥락을 놓친다.
전체적인 내용을 고려하면서 글쓰기를 한다.	어휘 선택이나 문장 구조에 대한 고려만 주로 한다.
초고를 수정, 추가, 삭제, 재구조화 등 여러 번 고쳐 쓰기를 한다.	한 번 쓰고, 수정 없이 글쓰기를 마무리 짓는다.

1. 쓰기 지도는 쓰기의 최종 결과물보다는 쓰기의 과정에 초점을 맞추어 지도한다.

2. 쓰기 전 단계부터 쓰기 활동, 쓰기 후 활동까지 여러 번 고쳐 쓰기 및 편집 단계를 거치면서 점점 작문 실력의 향상을 느낄 수 있도록 학습자를 격려한다.

3. 쓰기의 과정 중에 상호작용을 중요시 하여 학습자 자신과의 상호작용에서 시작하여 학습자들 서로 간의 feedback(peer correction)과 교사와 학습자 간의 individual conferences 등을 충분히 활용한다.

4. 쓰기 활동의 성패를 좌우하는 것은 쓰기 전 활동으로 교사는 상황에 맞추어 적절하게 쓰기 전 활동을 구성하여 학습자가 쓰기 활동에 들어 가기 전에 철저하게 준비할 수 있도록 독려한다.

5. 실제 학습자들이 접할 수 있는 다양한 쓰기 유형에 맞추어 교실에서 쓰기 지도를 할 때 다양한 쓰기의 경험을 제공해 준다.

6. 교사는 학습자의 흥미와 관심을 고려하여 쓰기 주제를 선정할 수 있도록 동기 부여 측면을 고려한다.

7. 쓰기는 자신의 결과물을 내보여야 하기 때문에 학습자가 이에 대해 꺼리거나 수치심을 느낄 수 있으므로 자신의 글을 기꺼이 내보이고 수정하는 것을 당연하게 받아들이는 분위기를 조성한다.

Quiz 1 작문을 잘하는 학습자의 특징은 무엇인가요?
쓰기 전 단계의 다양한 전략을 구사한다. 전체적인 내용을 고려하여 의미에 초점을 맞춰 여러 번 고쳐 쓰기를 한다.

2강 Synapse method (최기영, 2008)

■ 학습목표
Synapse method를 이해하고, 이를 활용한 영작을 이해한다.

● What is Synapse?

Synapse Method : 말하는 이가 자기로부터 가깝고, 중요한 것부터 비롯하여 앞말과 뒷말을 논리적으로 1:1 대응시켜 나가고 사고하는 표현 원리. 순차에 따라 논리적으로 대응하는 원리

한국어에는 조사가 있어서 어순에 상관없이 의미가 통하지만 영어는 조사가 없기 때문에 앞과 뒤의 말이 논리적으로 1:1 대응이 되는 긴밀한 관계의 말이 와야 한다. 따라서 영어는 어순이 중요하고, 어순이 바뀌면 의미도 바뀌고, 알아듣지 못한다.

예) 나는 어제 길을 건너는 그를 종로에서 보았다.
⇨ 나는 보았다. 그를 어제 종로에서 길을 건너는
⇨ 나는 길을 건너는 그를 어제 보았다. 종로에서

■ Synapse Method
나는 어제 길을 건너는 그를 종로에서 보았다.
→ _____

나는 / 보았다 / 그를 / 건너는 /   길을 /   종로에서 / 어제
→ I /   saw / him / crossing / the street / at Jongno / yesterday.

Synapse Method

영어의 이름 부르기(Naming) 원리		
존재가 →	동작함에 →	어떤 상태이더라
태양이 The sun	빛나다 shines	밝은 상태로 bright
나는 I	있다 am	행복한 상태로 happy
물이 Water	보이다 looks	투명한 상태로 clear

존재 → 동작 → 상태

존재 →	동작 →	상태
산들이 Mountains	있더라 are	높은 상태로 high
강이 The river	있더라 is	빠른 상태로 fast
꽃이 The flower	피더라 blooms	아름다운 상태로 beautiful
태양이 The Sun	뜨더라 rises	동쪽에서 in the East
별들이 The stars	반짝이더라 twinkle	밝은 상태로 bright

1. 나의 집은 남쪽으로 향하여 있다.
2. 그의 방은 늘 깨끗했다.
3. 열차가 달리고 있다.
4. 물이 거리를 넘쳤다.
5. 구름이 해를 가렸다.

영작 연습 단계

1 ▸▸ 한글을 Synapse Method의 순서로 바꾼다.

> **Ex** 나의 집은 남쪽으로 향하여 있다.
> → 나의 집은(존재) - 향하여 있다(동작) - 남쪽인 상태(상태)

2 ▸▸ 영작을 한다. 영어 단어를 집어 넣는다.

> **Ex** 나의 집은(존재) - 향하여 있다(동작) - 남쪽인 상태(상태)
> → My house - faces   - south.

2. 그의 방은 늘 깨끗했다.   그의 방은 - 있었다 - 늘 깨끗한 상태로
   His room - was - always neat.
3. 열차가 달리고 있다.   열차가 - 있다 - 달리는 상태로
   The train - is - running.
4. 물이 거리를 넘쳤다.   물이 - 넘쳤다 - 거리를
   Water - flooded - the streets.
5. 구름이 해를 가렸다.   구름이 - 가렸다 - 해를
   The cloud - hid - the Sun.

■ 응용영작(존재 → 동작 → 상태)

1. 그는 가난한 이들에게 친절했다.
   그는 - 있었다 - 친절한 상태에 - 가난한 이들에게

He   was   gentle   to the needy.

2. 경제 이야기에 대단하다.
그는 - 있다 - 대단한 상태에 - 경제 이야기에
He - is - great   - at discussing economics.

3. 그녀는 이해가 빠르다.
그녀는 - 있다 - 빠른 상태에 - 이해하기를
She - is - quick -   to understand

■ 현재 진행형 동작(존재 → 동작 → 상태)
1. 나는 도서관에 가고 있다.
나는 - 있다 - 가는 상태에 - 도서관으로
I   am   going   to the library.

2 당신은 나를 피하고 있다.
당신은 - 있다 - 피하는 상태에 - 나를
You - are - avoiding   - me.

3. 그녀는 진실을 말하고 있다.
그녀는 - 있다 - 말하는 상태에 - 진실을
She - is - telling   - the truth.

● Synapse Method 소개
1. 무료 App : Miracle English
2. Web site : http://www.100me.com
3. 출처 : The secret of English Master 최기영 저 (2008년)

<이 어학 콘텐츠와 앱은 전면 무료입니다.>
<영어학습의 코페르니쿠스적 혁명을 추구합니다.>
<우리 온 국민의 영어에서의 해방을 지원합니다.>

How?-MEiSM으로 어학하기

Quiz 1 다음을 영작해 보세요. [그는 가난한 이들에게 친절했다]
정답 : He was gentle to the needy.

3강 한국어와 영어의 구조 차이 이해

■ 학습목표
한국어와 영어의 구조적 차이에 대해 이해한다.

● 8품사

1. ▶▶ 명사
2. ▶▶ 동사
3. ▶▶ 대명사
4. ▶▶ 형용사
5. ▶▶ 부사
6. ▶▶ 접속사
7. ▶▶ 감탄사
8. ▶▶ 전치사

명동에 사는 대(大)형부가 인터넷에 접속하다가 감전된 사건

● 문장성분과 품사

| 주어 (Subject) | 서술어 (Verb) | 목적어 (Object) | 보어 (Complement) |

주어 + 동사 ─┬─ 보어
           └─ 목적어 + 목적격보어

예) S V O
- S ↔ V (부부 사이) / V ↔ O (부자 사이)

● 영어와 한국어의 차이

■ Content word & Function word

① 내용어(content word) : 명사, 동사, 형용사, 부사
의사소통에 중요한 내용을 담고 있다.
② 기능어(function word) : 대명사, 전치사, 조동사, 접속사...
문법적 기능을 나타낸다.
내용어는 잘 들리고, 기능어는 약화되거나 생략되어 잘 들리지 않는다.

예) What do you do?
앞의 do는 조동사인 기능어라서 약화되고 뒤의 do는 동사로 내용어라서 잘 들린다.

영어-강세박자언어	한국어-음절박자언어
English: stress-timed language	Korean: syllable-timed language

Queston 1번부터 4번 문장의 내용어에 동그라미를 해보세요.
① Birds / eat / corn 새가 옥수수를 먹는다.
② The birds / eat / corn 그 새가 옥수수를 먹는다.
③ The birds / can eat / corn 그 새가 옥수수를 먹을 수 있다.
④ The birds / don't eat / the corn 그 새가 그 옥수수를 먹지 않는다.

● Sing a song

내용어에 동그라미 해 보세요.
다음 노래를 부르며 내용어와 기능어의 차이를 직접 느껴보세요!

If you're happy and you know it, clap your hands
If you're happy and you know it, clap your hands,
If you're happy and you know it, then your face will surely show it

If you're happy and you know it, clap your hands
(repeat song)

● 문법과 영작

> 문장은 (Subject)와 (Predicate)로 구성되어 있다.

주부
동사의 행동을 실행하는 대상이고, 일반적인 어순에서는 문장의 가장 앞에 위치함

술부
주어를 제외한 나머지 문장을 일컫는 말로,
술부의 중심은 동사이며 모든 문장에는 반드시 동사 하나는 있어야 함

> An old <u>man</u> / <u>owed</u> a hotgod shop in a small town.

There + be동사구문
술부가 먼저 오고 주부가 나중에 나오므로
be동사의 단·복수 일치는 뒤에 있는 주어의 단·복수와 일치시킴

>
> There <u>are</u> / <u>some customers</u> / in the store.
> 있다   / 몇몇 고객들이   / 가게에

Question!

1. There ____ some customers in the store last weekend.
2. There ____ many scholars who are like a donkey.
3. There will ____ no time for doing it.
4. There ____ no telling what will happen next.
5. ____ there an accident yesterday?
6. Let there ____ light.
7. ____ there many books on the desk?

정답 : 1-were, 2-are, 3-be, 4-is, 5-Was, 6-be, 7-Are

Quiz 1 다음을 영작하시오. [가게에 몇몇 손님들이 있다.]

정답 : There are some customers in the store.

UNIT
영·어·쓰·기·시·험·평·가·기·준

1강 영어 쓰기 시험 평가 기준
2강 고득점을 위한 학습 방법
3강 문자언어의 이해

1강 영어 쓰기 시험 평가 기준

■ 학습목표
영어 쓰기 평가 기준 Format과 Mechanics에 대해서 이해한다.

Today's Saying 영작하기

내게 말해라 그러면 나는 잊어버릴 것이다.
나를 가르쳐라 그러면 나는 기억할 것이다.
나를 참여시켜라 그러면 나는 배울 것이다.

- Benjamin Franklin -

| KOR | 내게 말해라 그러면 나는 잊어버릴 것이다. |
| ENG | Tell me and I forget. |

| KOR | 나를 가르쳐라 그러면 나는 기억할 것이다. |
| ENG | Teach me and I remember. |

| KOR | 나를 참여시켜라 그러면 나는 배울 것이다. |
| ENG | Involve me and I learn. |

> **문법(Grammar)**
> - 명령문 + and : -해라, 그러면 –할 것이다.
> - '명령문 + and' 표현은 딱딱하고 권위적인 느낌을 주므로 속담이나 격언에 많이 쓰임
> - 일상 회화에서는 if 구문으로 바꿔서 사용하는 것이 자연스러움
>
> Study hard and you will pass the test.
> → If you study hard, you will pass the test.

내게 말해라 그러면 나는 잊어버릴 것이다.
나를 가르쳐라 그러면 나는 기억할 것이다.
나를 참여시켜라 그러면 나는 배울 것이다.

Tell me and I forget.
Teach me and I remember.
Involve me and I learn.

- Benjamin Franklin -

미국의 3대 대통령인 Benjamin Franklin의 말로 학습효과를 언급할 때 자주 인용되는 구문이다. 연구에 의하면 강의를 듣기만 하는 수업방식은 5%, 들은 내용을 말로 표현하면 50%, 듣고 그것을 말로 표현하면서 몸으로 나타내면서 참여하면 75%, 자신이 배운 내용을 남에게 가르치면 90%의 기억 효과가 있다고 한다. 영어쓰기지도를 공부한 후 친구에게 배운 내용을 가르쳐 보자. 학습효과가 쑥쑥 올라갈 것이다.

● 영어쓰기 평가기준

1. Format
2. Mechanics
3. Content
4. Organization

1. 영어쓰기 평가기준-Format

제목은 중간에 위치한다.
(There is a centered title.)

각 단락의 첫 문장은 들여쓰기를 한다.
(The first line of each paragraph is indented.)

Title : My Beloved Grandmother
        The City of Lakes
        How to Be a Best Driver

제목은 첫 글자는 대문자로 시작하고,
내용어는 대문자, 기능어는 소문자로 쓴다.

각 문장은 적절한 구두점으로 끝낸다.
   (Each sentence ends with a correct punctuation mark.)
각 문장 내에서 적절한 구두점을 표시한다.
   (Each sentence is correctly punctuated internally.)
예) periods, question marks, exclamation marks, commas, colons, semi-colons, and quotation marks.

문장의 어순 등 적절한 구조를 취한다.
   (Sentences are well structured.)
대소문자 구분과 철자를 올바로 사용한다.
   (Capital letters and spelling are used correctly.)
올바른 문법을 사용한다.
   (Grammar is correct: verb tense, agreement, articles...)
적절한 어휘를 사용한다.
   (Vocabulary is appropriate and used correctly.)

다양한 문장 유형을 사용한다.

(A variety of sentence types are used: simple, compound, and complex.)

Simple sentence	I love you
Compound sentence	I love you and you love me
Complex sentence	I love you because you love me

■ Sample

Embarrassing Problem

An old lady came into her doctor's office and confessed to an embarrassing problem: "I pass gas all the time, Doctor Johnson, but it is soundless, and without odor. In fact, since I have been here, I have passed gas no less than twenty times. What can I do?"

"Here is a prescription, Mrs. Barker. Take these pills three times a day for seven days and come back and see me in a week."

The next week, an upset Mrs. Barker marched into Dr. Johnson's office: "Doc, I don't know what was in those pills, but the problem is worse! I am passing gas just as much, and they are still soundless, but now they smell terrible!"

"Calm down, Mrs. Barker", said the doctor soothingly. "Now that we have fixed your sinuses, we will work on your hearing."

1. confess : 참회하다, 고백하다
2. embarrass : 난처하게 하다, 당황케 하다
3. pass gas : 방귀를 꾸다
4. no less than : (수나 양이) -(만큼)이나(as many/much as)
5. prescription : 처방전
6. just as much : 마찬가지로
7. for oneself : 스스로
8. soothingly : 진정시키듯이, 달래듯이
9. sinus : 콧병
10. work on : 치료하다

출처 : http://community.fortunecity.ws/bennyhills/mortimer/42/medical.txt

Dictocomp(Listening + Writing)

 ▸▸ Dictocomp : 받아쓰기(dictation)과 작문(composition)이 결합된 쓰기 활동

② ▸▸ Dictocomp 활동

(1) 준비활동	• 전체 지문의 내용을 한 번 들려준다. (전체 내용 파악) • 어려운 어휘나 문법 등은 미리 소개한다.

(2) 듣기활동	• 들으면서 암기하기
	  첫 번째 듣기 - 핵심어(keyword)를 받아 적는다.
	  여러 번 듣기 - 여러 번 들으면서 최대한 내용을 암기한다.

(3) 받아쓰기	• 교사가 지문에 나온 순서대로 핵심어를 칠판에 적어준다. (학생은 자신의 핵심어와 비교한다.) • 개별 또는 그룹으로 토론하면서 들었던 내용을 최대한 작문한다.
(4) 후속활동	• 원문과 비교하면서 분석하고 정정한다.

3. 영어쓰기 평가기준 - Organization

쓰기 과업의 내용이 과제의 의도에 적합하다.

(Essay fits the assignment.)

독자를 고려해서 글쓰기를 한다.

(Essay considers the reader.)

내용이 읽기에 흥미롭다.

(Essay is interesting to read.)

인용문이 있을 경우 출처를 밝힌다.

(Quotes and sources, if any, are properly cited.)

Quiz 1 Dicto-comp는 무엇의 약자인가요?

　　　　　Dictation(받아쓰기)과 composition(작문)의 약자이다.

2강 고득점을 위한 학습 방법

■ **학습목표**
영어쓰기 평가 기준의 핵심요소인 Content와 Organization에 대해서 이해한다.

3. 영어쓰기 평가기준-Content

쓰기 과업의 내용이 과제의 의도에 적합하다.
(Essay fits the assignment.)

독자를 고려해서 글쓰기를 한다.
(Essay considers the reader.)

내용이 읽기에 흥미롭다.
(Essay is interesting to read.)

인용문이 있을 경우 출처를 밝힌다.
(Quotes and sources, if any, are properly cited.)

영어쓰기 평가기준-Organization

주제에 적합한 도입문을 쓴다.
(Essay has proper introduction with thesis statement.)

본문은 적절한 단락으로 나눈다.
(Essay body is divided into paragraphs.)

각 단락은 하나의 새로운 주제가 있고 이를 뒷받침하는 문장이 있다.
(Each paragraph discusses a single new idea with supporting sentences.)

각 단락은 맺음 문장이 있거나 문단과 문단 사이의 연결 신호가 있다.

(Each paragraph has a concluding sentence or clear transition signals between paragraphs.)

마감 기한 내에 제출한다.
(Assignment must be turned in on the right due date.)

4. 영어쓰기 평가기준

Cohesive Device - 문장과 문장 간의 연결
반복되는 어휘 (Repetition of words)
대명사, 정관사 (Pronoun and possessive reference, the definite article)
시제 일치 (Tense agreement)
연결사 (Linkers : and, also, however, on the other hand…)

> An old man owned a hotdog shop in a small town in the United States. The hotdogs tasted great and people traveled a long way to get them. He advertised that his hotdogs were the best tasting hotdogs in America. --- 중략 --- The waitresses were always cheerful and the customers did not know that hotdogs could taste so good. When they made compliments, the old man would say, "I am happy to run this store." People always returned to the man's hotdog shop.

● Cohesion-문장의 순서 맞추기

다음 문장을 올바른 순서로 나열하시오.

> (1) An old man owned a hotdog shop in a small town in the United States.
> (2) The hotdogs tasted great and people traveled a long way to get them.
> (3) He advertised that his hotdogs were the best tasting hotdogs in America.
> (4) The waitresses were always cheerful and the customers did not know that hotdogs could taste so good.
> (5) When they made compliments, the old man would say, "I am happy to run this store."
> (6) People always returned to the man's hotdog shop.

● Coherence-전체의 통일성

The following example is fairly cohesive but it is not coherent

> This made her afraid. It was open at the letters page. His eyes were shut and she noticed the Daily Mail at his side. She knew then that he had read her contribution.

Coherence 문제 : 다음 중 전체 문맥상 어울리지 않는 문장을 고르시오.

> This is a true story about Albert Einstein. Einstein had a scientific speech that he used over and over again for different speaking engagements. Two months later, his son came to the store again. The same chauffeur took him to each speaking engagement, and always stood in the back of the auditorium to listen. One day the chauffeur, Harry, said to Einstein: "I have listened to your speech so many times that I know it by hear." …중략…

● 구두점-Punctuation Table (Harmer, 2004)

Mark	Name	Examples
?	Question mark	Do you love me?
!	Exclamation mark	That is fantastic!
.	Full stop Period (American English)	I love you. You loved me.
,	Comma	I love apples, bananas, and grapes.
:	Colon (a list or extra information)	There are many kinds of guitar: acoustic, electric, Spanish, or bass guitar.
;	Semi-colon (conjunction)	That's the way I see it; it will go on.
' ' " "	Inverted commas Quotation marks (American English)	'He said "Watch out!" and I jumped back, which probably saved my life,' James said.

	Capital letters	Edward, Jane, Mike
A, B	1. Proper names 2. The first person pronoun 3. The beginning of sentences 4. Important roles	I know you. That is the way I see it. It is winter. The snow is falling silently. The President arrives at seven.

● 영어 쓰기 평가 기준

1. Format : 제목 위치, 문단 초입 들여쓰기
2. Mechanics : 구두점 규칙, 올바른 문법 사용, 다양한 문장 형태 사용
3. Content : 독자를 고려한 흥미로운 내용으로 읽기 쉽게 작성
4. Organization : Cohesion and coherence
    - Cohesion (결속성) : 문장과 문장 사이의 연결
    - Coherence (통일성) : 하나의 주제로 전체 내용이 통일성 있게 전개

Quiz 1 Cohesive device에는 어떤 것들이 있나요?
정답 : 반복되는 어휘, 대명사, 정관사, 시제일치, 연결사 등

3강　문자언어의 이해

■ 학습목표
문자 언어에 대해서 이해한다.

● 문자언어의 이해 – Reading
언어의 습득은 말하기와 듣기만으로는 완성될 수 없으며, 읽기와 쓰기의 문자언어를 습득함으로써 언어 습득이 더욱 촉진되고 비로소 완성될 수 있다.

■ 읽기의 과정
(1) 상향식 과정 (bottom-up processing)
　　글자에서 시작하여 단어, 구, 문장, 문단 등의 순서로 의미를 파악하는 과정
(2) 하향식 과정 (top-down processing)
　　읽는 사람의 배경지식(background knowledge)을 활용

■ 읽기의 특성
영속성, 처리시간(processing time), 거리, 철자법, 복잡성, 어휘, 격식성
cf. 쓰기의 특성 – 산출시간(production time)

■ 읽기 활동의 유형
(1) 소리 내서 읽기 (Reading aloud)
(2) 묵독 (Silent reading)
　- 정독(intensive reading)
　- 다독(extensive reading)
　　　훑어 읽기(skimming)
　　　찾아 읽기(scanning)

■ 읽기와 쓰기 연계 수업
(1) Writer로서 Reading하기

(2) Reading 후 writing하기

● Teaching Grammar
■ 문법 교육의 역사적 흐름 (박윤주 외, 2009)

초점 focus	형식 위주 Focus on forms	의미 위주 Focus on meaning	형식 초점 Focus on form
시기	1970년대 이전	1970 - 1980년대	1990년대 이후
교수법	문법-번역식 교수법 Grammar-Translation Method	의사소통 중심 교수법 Communicative Language Teaching	내용 중심 교수법 Content-based Instruction
특징	의미 배제 문법 중심	문법 배제 의미 중심	문법과 의미 모두 중시

■ 형식초점지도 (Focus on form)

수업의 전체적인 초점은 내용이나 의미 전달인 의사소통에 두면서 동시에 학습자들의 주의와 관심은 순간순간 필요한 문법구조로 돌리도록 하는 방법이다.

형식 초점 수업방법에는 명시적 방법과 암시적 방법이 있다.

명시적(explicit)ß----------------------------------à암시적(implicit)				
간단한 문법 설명	간단한 문법 용어를 쓰면서 설명	학습자가 오류를 반복하면 제스처나 억양으로 인지시킨다.	학습자의 잘못된 부분만 고쳐서 반복하여 다시 말해준다.	문법 요소가 담긴 문장을 많이 들려준다.
Brief rule presentation	Brief metalinguistic comment	Repetition of errors with intonation or gesture focus	Recast	Input flooding

● 문법과 영작 – 관사(Article)
■ 한국에는 없는 문법 – 관사

영어권 문화와 한국 문화의 차이 (이재연, 2013)
관사의 개념은 명사를 셀 수 있느냐 없느냐의 기본 개념에서 나왔다.

우리 말은 명사를 잘 세지 않는 문화권이다. 그렇기 때문에 관사가 발달되지 않았다.

한국의 경우 쌀이 떨어지면 옆집에서 쌀을 빌려오고, 나중에 김치 담그면 갖다 주는 식으로 공동체 개념으로 음식을 공유했다. 영어에는 없는 '정'이라는 단어도 같은 이치이다.

영어권 문화의 경우 개인주의이기 때문에 나의 것과 남의 것이 구분되었고, 쌀을 빌려갔다면 무게를 재서 그대로 다시 갖다 주는 것이 서양의 문화인 것이다.

● **관사의 종류**

정관사 (the) : 정해진 명사 앞에 붙인다. 화자와 청자가 아는 것.
부정관사 (a, an) : 정해지지 않은 명사 앞에 붙인다.
무관사 : 고유명사, 셀 수 없는 명사 앞에는 관사를 붙이지 않는다.

play games : [게임을 하다]라는 뜻으로 the가 붙지 않는다. the는 정관사로 정해진 형체가 있어야 하는데, game은 정해진 형체가 없기 때문이다.
예) play sports, play soccer, play baseball...

play the guitar : [기타를 연주하다]라는 뜻으로 기타(guitar)앞에 the가 붙는다. 이유는 기타라는 정해진 형체가 있기 때문이다. play the piano

아래 두 문장의 의미 차이를 생각해보자.
Do you have (some) time?
Do you have the time?

> **Question!**
>
> 1. This is ___ true story about Albert Einstein.
> 2. ___ Einstein took him up on his offer.
> 3. ___ chauffeur in Einstein's clothes was introduced.
> 4. It's time to go to ___ bed now.
> 5. My son goes to school by ___ bus.
> 6. I wait for ___ half ___ hour at the station.
>
> 정답 : 1-a, 2-무관사, 3-The, 4-무관사, 5-무관사, 6-a, an

Quiz 1 최근의 문법 지도의 흐름은 무엇인가?

: 형식초점 지도(focus on form)

UNIT
단 · 문 · 쓰 · 기 · 연 · 습

1강 단문 쓰기 연습 1
2강 단문 쓰기 연습 2
3강 채팅으로 쓰기 연습하기

1강 단문 쓰기 연습 1

■ 학습목표
단문 쓰기 연습을 통해 단문을 영작할 수 있다.

Today's Saying 영작하기

가난하게 태어난 것은 당신의 잘못이 아니지만,
가난하게 죽는 것은 당신의 잘못이다.

- Bill Gates -

KOR 가난하게 태어난 것은 당신의 잘못이 아니지만

ENG If you are born poor, it is not your mistake.

KOR 가난하게 죽는 것은 당신의 잘못이다.

ENG But if you die poor, it is your mistake.

문법(Grammar)
- 종속절 If + S + V
- 주 절 S + V

*가난하게 태어난 것은 당신의 잘못이 아니지만,
가난하게 죽는 것은 당신의 잘못이다.*
→ *If you are born poor, it is not your mistake.
But if you die poor, it is your mistake.*   - Bill Gates -

Bill Gates

Bill Gates는 하버드 대학을 중퇴하고, Paul Allen과 함께 MS 회사를 설립한 미국의 기업인으로 현재 Gates Foundation을 통해 noblesse oblige를 실현하고 있다.
혹시 부모나 사회를 원망하면서 자신의 신세를 한탄한 적이 있는가?
이 말은 그런 사람들을 위해 '자신의 삶은 스스로 책임지라'고 말하고 있다.
위 문구는 다음의 속담을 패러디(parody)한 것이다.
If you are born in the gutter(도랑) it is not your fault.
But it is your fault if you die there.

● 단문쓰기연습 - Synapse Method

1 존재

2 동작

3 상태 또는 대상

■ Synapse Method

1형식 (S ㅣ V)

영어의 이름 부르기(Naming) 원리		
존재가	→ 동작함에 →	어떤 상태이더라

그녀가 She	갔더라 went	집을 향하는 상태로 home
새들이 Birds	노래한다 sing	가지 위에 있는 상태로 on the branch
시간이 Time	날아간다 flies	쏜살같은 상태로 like an arrow

■ 2형식 (S + V + C)

영어의 이름 부르기(Naming) 원리		
존재가 →	동작함에 →	어떤 상태이더라

그녀가 She	있더라 is	학생인 상태로 a student
민수는 Minsu	되었더라 became	유명한 의사인 상태로 a famous doctor
그것이 That	들리더라 sounds	좋은 상태로 great

■ 3형식 (S + V + O)

영어의 이름 부르기(Naming) 원리		
존재가 →	동작을 함에 →	어떤 대상을 두더라

그녀가 She	사랑하더라 loves	너를 you
그가 He	닮더라 resembles	그의 어머니를 His mother
서울은 Seoul	자랑한다 boasts	많은 역사적 건물을 many historic buildings

■ 4형식 (S + V + I.O + D.O)

영어의 이름 부르기(Naming) 원리			
존재가 →	주는 동작을 함에 →	존재에게 →	대상을 두더라

나는	준다	그에게	먹을 것을
I	give	him	foods
그녀는	남겼다	당신에게	500달러를
She	left	you	500 dollars
우리는	보냈다	그에게	어떤 한 편지를
We	sent	him	a letter

■ 3형식과 4형식

3형식 : 로망스어의 특징(2음절 이상)

4형식 : 게르만어의 특징(1음절)

3형식의 예 :

S V   O
I describe the picture to you.
   explain
   suggest
   provide
   mention
   say

4형식의 예 :

S V   IO   DO
I give   you   the book.
   teach
   ask
   tell
   lend
   make

■ 5형식 (S + V + O + O.C)

영어의 이름 부르기(Naming) 원리
존재가 → 만드는 동작을 함에 → 존재(대상)가 → 어떤 상태더라

그녀는	만든다	내가	행복한 상태로
She	makes	me	happy
그는	취했다	내 차를	깨끗이 된 상태로
He	took	my car	cleaned up
그의 행동들은	만들었다	그를	존경 받은 상태로
His actions	made	him	respected

Quiz 1 로망스어와 게르만어의 차이는?

3형식은 차용어의 언어인 로망스어로 2음절 이상의 긴 단어로 지배자의 언어이고, 4형식은 영어 고유의 게르만어이다.

2강 단문 쓰기 연습 2

■ **학습목표**
긴 문장의 단문 쓰기 연습을 통해 응용하여 영작할 수 있다.

● 단문 쓰기 연습 2 (응용하기)
  1. 존재   2. 동작   3. 상태 또는 대상

  ■ 응용영작 - 1형식(S + V)

  1. 그는 매일 아침 일찍 일어난다.
     그는 - 일어나더라 - 일찍 - 매일 아침
     He   - gets up - early - every morning.

  2. 힐튼은 일년 365일 연다.
     힐튼은   - 열더라 - 365일을 - 한 해
     The Hilton - opens - 365 days - a year.

  3. 그 상점가는 2002년에 개발되었다.
     그 상점가는 - 개발되었다 - 2002년 안에
     The mall   - developed - in 2002.

  ■ 응용 영작 – 2형식 (S + V + C)

  1. 김치는 맵고 짜고 시다.
     김치는   - 맛나다 - 매운, 짠, 그리고 신 상태로
     Kimchi - tastes - hot, salty and acid.

  2. 쌀과 밀은 곡류이다.
     쌀과 밀은   - 있다 - 곡류인 상태로

```
     Rice and wheat - are    - cereals.
```

3. 나는 스스로가 여기서 낯선 사람이다.
   나는 - 있다 - 어떤 한 낯선 사람인 상태로 - 여기서 - 스스로
   I   - am - a stranger   - here - myself.

■ 응용 영작 – 3형식 (S + V + O)

1. 이런 종류의 일은 엄청난 인내를 요구한다.
   이런 종류의 인내는   - 요구한다 - 엄청난 인내를
   This kind of work   - demands - great patience.

2. 나는 당신의 의뢰에 반대의사가 없다.
   나는 - 가진다 - 없는 반대의사를 - 당신의 의뢰에
   I   - have - no objection - to your request.

3. 그들은 그토록 많은 질문을 물어서 나를 혼란시켰다.
   그들은 - 혼란시켰다 - 나를 - 물음으로써 - 그토록 많은 질문들을
   They - confused - me - by asking - so many questions.

■ 응용 영작 – 4형식 (S + V + I.O + D.O)

1. 나는 나의 딸에게 전자사전을 선물했다.
   나는 - 선물했다   - 나의 딸에게   - 어떤 한 전자사전을
   I   - presented - my daughter - an Electric Dictionary.

2. 그들은 나에게 그들의 결혼 사진을 보여주었다.
   그들은 - 보여주었다 - 나에게 - 그들의 결혼 사진들을
   They - showed   - me   - their wedding photos.

3. 우리는 당신에게 한 주 안에 배달을 보증한다.
　　 우리는 - 보증한다　- 당신에게 - 배달을　- 한 주 안에
　　 We　　- guarantee - you　　- delivery - within a week.

■ 응용 영작 – 5형식 (S + V + O + O.C)

1. 그들은 그들의 아들을 헨리라고 이름 붙였다.
　　 그들은 - 이름붙였다 - 그들의 아들을 - 헨리라고
　　 They　- named　　- their son　　- Henry.

2. 우리는 그 문을 온통 푸르게 칠했다.
　　 우리는 - 칠했다 - 그 문을　- 가득 푸른 상태로
　　 We　- painted - the door　- full green.

3. 우리는 그 열차가 승강장에서 떠나는 것을 보았다.
　　 우리는 - 보았다　- 그 열차를 - 떠나는 상태로 - 그 승강장으로부터
　　 We　 - watched - the train - leaving　　 - from the platform.

① ▶▶ 1형식　S + Vi, there be 동사 구문

② ▶▶ 2형식　S + Vi + C

③ ▶▶ 3형식　S + Vt + O

④ ▶▶ 4형식　S + Vt + I.O + D.O

⑤ ▶▶ 5형식　S + Vt + O + O.C

● Synapse Method – There be 구문

영어의 이름 부르기(Naming) 원리			
There	→ be (동작) 함에 →	존재가 →	어떤 상태더라
거기 There	있음에 is	그 열쇠가 the key	감추어진 상태더라 hidden
거기 There	있음에 are	약간의 달걀이 Some eggs	그 냉장고 안에인 상태더라 in the refrigerator
거기 There	있었다 was	그 비밀이 The secret	그 책속에 in the book

● There be 구문 응용영작하기

1. 쉬운 대답은 없다.
   거기 - 있다 - 없는 쉬운 대답들이
   There - are - no easy answers.

2. 이리 오고 있는 어떤 남자가 있다.
   거기 - 있다 - 어떤 한 남자가 - 오는 상태에 - 이리로
   There - is - a man   - coming   - here.

3. 약간의 추가요금이 있을 것이다.
   거기 - 할 것이다 - 있기를 - 어떤 한 추가적인 요금이
   There - will   - be   - a small additional charge.

Quiz 1 다음을 영작하시오. <우리는 당신에게 한 주 안에 배달을 보증한다.>
: We guarantee you delivery within a week.

3강 채팅으로 쓰기 연습하기

■ 학습목표

채팅으로 외국인과 쓰기 연습을 하기 위한 내용을 학습한다.

● 채팅

- 채팅은 구두언어와 문자 언어의 중간에 위치한 형태의 의사소통 방식으로서 구두 언어에 익숙한 학습자에게 자연스럽게 문자 언어에 익숙하게 하는 도구이다.
- 채팅은 실제 외국인과 대화함으로써 진정성(authenticity)을 갖고 문자 언어로 의사소통을 할 수 있게 해줌으로서 동기부여 측면에서도 효과가 있다.
- 외국인과 채팅을 함으로써 외국 문화나 대화 예절을 배울 수 있고, 동시에 한국의 문화를 외국에 소개할 수 있는 기회를 제공한다.

● 채팅 App과 Web site 소개

무료 채팅 App : ePenpal

회원가입이 필요 없는 영어채팅사이트
http://omegle.com/

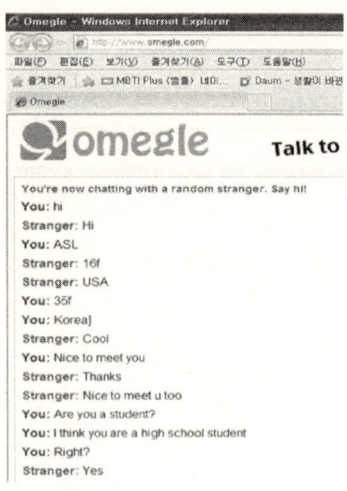

■ The List of Chat Acronyms (채팅 약어)

ASAP	As Soon As Possible
ASL	Age, Sex, Location
B4	Before
R	Are
U	You
RUT	Are You There?
sec	Wait a second.
U2	You Too
TY	Thank you.
VIP	Very Important Person

출처: http://netlingo.com/acronyms.php

■ 1달 동안 매일 외국인과 채팅하기 과제 후기

제가 카카오톡을 주고받은 외국인의 국적은 인도네시아입니다.

이름은 Irma입니다. 여자이고 직업은 조산사였습니다.

인도네시아에 관해서 잘 몰랐던 부분까지 잘 알려주었고 또한 저도 한국문화나

한국에 관해서 알려 주었습니다.

서로의 취미와 좋아하는 음식, 가보고 싶은 나라, 서로의 꿈 등을 물어봤습니다.

외국인이랑 채팅을 한다는 것이 처음에 어렵고 신기했지만 하다 보니 하나하나 더 궁금하게 되었고, 영어의 대하여 자신감도 점점 생기고 모르는 단어를 찾으면서 하는 게 정말 재미있었습니다.

영화 속 채팅 장면 You've Got Mail(1998)

NY152: I had a gut feeling(직감) you would be on line now.

NY152: I can give you advice. I'm great at advice.

Shopgirl: I don't think you can help.

NY152: Is it about love?

Shopgirl: My business is in trouble. My mother would have something wise to say.

NY152: I'm a brilliant businessman. It's what I do best. What's your business?

Shopgirl : No specifics, remember?

NY152 : Go to the mattresses.

Shopgirl : What?

NY152 : It's from The Godfather. It means you have to go to war.

> Shopgirl : What is it with men and The Godfather?
>
> NY152 : The Godfather is the sum of all wisdom. The God father is the answer to any question.
>
> NY152 : You're at war. "It's not personal, it's business." I know you worry about being brave, this is your choice. Fight. Fight to the death.

● 문법과 영작 - 대명사

인칭	주격	be Verb	소유격	목적격	소유대명사	재귀대명사
1 단수	I					
1 복수	We					
2 단수	You					
2 복수	You					
3 단수	She					
	He					
	It					
3 복수	They					

인칭	주격	be Verb	소유격	목적격	소유대명사	재귀대명사
1 단수	I	am, was	my	me	mine	myself
1 복수	We	are, were	our	us	ours	ourselves
2 단수	You	are, were	your	you	yours	yourself
2 복수	You	are, were	your	you	yours	yourselves
3 단수	She	is, was	her	her	hers	herself
	He	is, was	his	him	his	himself
	It	is, was	its	it	-	itself
3 복수	They	are, were	their	them	theirs	themselves

Question!

1. It started before I was born. ____ biological mother was a young student.
2. She decided to put ____ up for adoption.
3. Everything was all set for ____ to be adopted at birth by a lawyer.
4. This was the start in ____ life.
5. I goes there by _____.

정답 : 1-My, 2-me, 3-me, 4-my, 5-myself

Quiz 1 다음 채팅 약어가 각각 의미하는 것은?
B4 - (Before), U2 - (You Too), ASL - (Age, Sex, Location)

UNIT
중 · 문 · 쓰 · 기 · 연 · 습

1강 중문 쓰기 연습 1
2강 중문 쓰기 연습 2
3강 이메일 쓰기

1강 중문 쓰기 연습 1

■ 학습목표

중문 쓰기 연습을 한다.

Today's Saying 영작하기

*당신이 하루 종일 아무런 문제에 부닥치지 않는다면,
당신은 잘못된 길을 걷고 있는 것이다.*

- Swami Vivekananda -

KOR	하루 종일
ENG	In a day,

KOR	당신이 아무런 문제에 부닥치지 않았을 때는
ENG	when you do not come across any problems

KOR	당신은 that 이하를 확신할 수 있을 것이다.
ENG	you can be sure that ~

KOR	당신이 여행하고 있다는 것(길을 걷고 있는 것)
ENG	(that) you are traveling

KOR	잘못된 길로, 잘못된 방식으로
ENG	in a wrong way.

숙어(idiom)

- come across : 조우하다, 우연히 만나다, 부닥치다.
- be sure : 틀림없이, 확실히

당신이 하루 종일 아무런 문제에 부닥치지 않는다면,
당신은 잘못된 길을 걷고 있는 것이다.

In a day, when you do not come across any problems
You can be sure that you are traveling in a wrong way.

- Swami Vivekananda -

Swami Vivekananda

Vivekananda(1862-1902)는 인도의 종교 지도자로 세속을 떠나 히말라야 산중에서 6년 간 수도한 후 동양과 서양의 정신적 융합을 강조하면서 큰 반향을 불러일으켰다.

오늘 하루를 정리하면서 혼자 생각할 시간을 가져보자. 내게 문제가 있다는 것은 변화하고 싶다는 것이고, 그 변화가 나를 성장시킬 것이다. 그러나 아무런 문제도 없었다면 난 어떤 시도도, 노력도, 변화도 없었던 하루는 아니었는지 자신을 되돌아 보자.

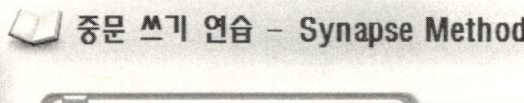

중문 쓰기 연습 - Synapse Method

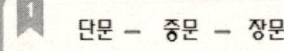

단문 – 중문 – 장문

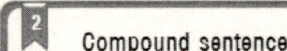

Compound sentence

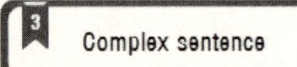

Complex sentence

● Compound Sentence

Complex sentences

주절(main clause) + 종속접속사 + 종속절(subordinate clause)

- 종속접속사 (subordinate conjunction)
  (1) 명사절 : that, whether, if(~인지 아닌지)
  (2) 형용사절 : 관계대명사 구문
  (3) 부사절 : when(시간), because(이유), if(조건: 만일~라면) 등

1 ▸ I don't know if you love me.

2 ▸ If you love me, I can do anything you ask.

3 ▸ I like the TV program because it is very funny.

4 ▸ I used to do some acting when I was in college.

5 ▸ Your parents are the people who love you most.

월남전이 터지자 그 아들은 전쟁에 나가 다른 병사를 구하다가 죽었다.

월남전이 <u>터지자</u> // 그 아들은 전쟁에 <u>나가</u> / <다른 병사를 <u>구하다가</u>> / <u>죽었다</u>.

어느 때에 / 바로 그 베트남 전쟁이 / 깨져 나왔을 //

그 아들은 / 갔다 / 거기에 //
그리고 죽었다 / 전투 안에 //

하는 동안 / 구하는 / 어떤 다른 병사를

When	→ 어느 때에
The Vietnam war	→ 바로 그 베트남 전쟁이
broke out	→ 깨져 나왔을 (때에)

When / the Vietnam war / broke out, // the son / went / there // and died / in battle // while / saving / another soldier.

어느 때에 / 바로 그 베트남 전쟁이 / 깨져 나왔을 // 그 아들은 / 갔다 / 거기에 / 그리고 죽었다 / 전투 안에 / 하는 동안 / 구하는 / 어떤 다른 병사를

› 월남전이 터지자 // 그 아들은 전쟁에 나가 다른 병사를 구하다가 죽었다.

the son	→ 그 아들은
went	→ 갔다
there	→ 거기에

When / the Vietnam war/ broke out, / the son / went / there // and died / in battle / while / saving / another soldier.

어느 때에 / 바로 그 베트남 전쟁이 / 깨져 나왔을 // 그 아들은 / 갔다 / 거기에 // 그리고 죽었다 / 전투 안에 // 하는 동안 / 구하는 / 어떤 다른 병사를

→ 월남전이 터지자 // 그 아들은 전쟁에 나가 // 다른 병사를 구하다가 // 죽었다.

and died : in battle	→ 그리고 죽었다 – 전투 안에서
while : saving	→ 하는 동안 – 구하는 (동안)
saving : another soldier	→ 구하는 (동안) – 다른 병사를

When / the Vietnam war/ broke out, // the son / went / there // and died / in battle // while / saving / another soldier.

어느 때에 / 바로 그 베트남 전쟁이 / 깨져 나왔을 / 그 아들은 / 갔다 / 거기에 / 그리고 죽었다 / 전투 안에 / 하는 동안 / 구하는 / 어떤 다른 병사를

→ 월남전이 터지자 그 아들은 전쟁에 나가 <다른 병사를 구하다가> 죽었다.

● Language and Brain (Steinberg 외, 2006, p.244)
  ■ 뇌에서 언어를 담당하는 영역

브로카(Broca) 영역	말하기(motor speech), 브로카 실어증은 이해하지만 말하지 못하는 증상
베르니케(Wernicke) 영역	듣기(auditory association), 베르니케 실어증은 말할 수 있지만 이해를 못하는 증상

말하기 훈련은 뇌의 브로카 영역을 발달시키고, 듣기를 훈련하면 베르니케 영역이 발달한다. 따라서 말하기와 듣기를 균형 있게 훈련하지 않으면 절름발이 영어가 된다(김승환, 2010)

듣기와 읽기는 수용적 기술(receptive skills, input)이고, 말하기와 쓰기는 표현적 기술(productive skills, output)이다. 수용적 기술과 표현적 기술은 별개의 영역이다. 따라서 말하기, 듣기, 읽기, 쓰기를 균형 있게 잘하려면 영어의 네 가지 영역을 골고루 훈련시켜서 발달시켜야 하는 것이다.

Quiz 1 뇌에서 브로카 영역과 베르니케 영역이 담당하는 언어의 기술은?
브로카 영역은 말하기 기술, 베르니케 영역은 듣기 기술을 담당한다.

2강 중문 쓰기 연습 2

■ 학습목표

연설문을 통해 중문 쓰기 연습을 한다.

● 중문 쓰기 연습 2 (Steve Jobs 대학 졸업 연설문)

이 이야기는 제가 태어나기 이전부터 시작됩니다.
It started before I was born.
S V   접속사 S V

나의 친모는 어렸고, 미혼의 대학원생이었습니다.
My biological mother was a young, unwed graduate student,
S   V

그리고 그녀는 저를 입양 보내기로 결심했습니다.
and she decided to put me up for adoption.
     S   V

어머니는 저를 대학 나온 가정으로 입양시키기로 굳게 마음먹었습니다.
She felt very strongly that I should be adopted by college graduates,
S   V   접속 S V

그래서 저는 태어나자마자 변호사 부부에게 입양되기로 모든 준비가 되어 있었습니다.
so everything was all set for me to be adopted at birth by a lawyer and his wife.
     S   V

17년 후 저는 정말로 대학에 들어갔습니다.
Seventeen years later, I did go to college.
                       S V

74 UNIT 05 중문 쓰기 연습

하지만 저는 순진하게 Stanford 대학만큼이나 등록금이 비싼 대학을 선택했고,
But I naively chose a college that was almost as expensive as Stanford,
　　　　S　　　V　　　　　　　　S　　V

노동자 계층이었던 부모님은 평생 저축한 돈을 모두 제 등록금으로 썼습니다.
and all of my working-class parents' savings
　　　　　　　　　　　　　　　　S
　　　　　　　　　　　were being spent on my college tuition
　　　　　　　　　　　　　　　　　V

6개월 후, 저는 대학 공부의 가치를 찾을 수 없었습니다.
After six months, I couldn't see the value in it.
　　　　　　　　　　S　V

내 인생에서 내가 원하는 것이 무엇인지 몰랐습니다.
I had no idea what I wanted to do with my life
S　V　　　　접속 S　V

그리고 대학이 내가 그것을 아는데 도움이 되는지도 몰랐습니다.
 and no idea how college was going to help me figure it out.
　　　　　　접속　S　　　V

● 중문쓰기연습 - 중문 응용

"나는 우리나라의 역사에서 자유를 위한 가장 위대한 민주운동으로 역사에 남게 될 오늘 우리의 만남에 행복합니다."   - 마틴 루터 킹 주니어 1963년 연설 -

나는 행복합니다.
-> 나는 행복한 상태에 있다.
  I am happy
    happy : to join
    행복한 상태는 - 연합할 것이기에
      to join : with you
      연합해서는 - 당신들과 함께이다
        with you : today
        당신들과 함께는 오늘이다

today : in what
오늘은 - 무엇 안에 있다
  in what : will
  무엇 안에 있는 것은 - ~할 것이다
    will : go down
    ~할 것은 - 내려 가기이다
      go down : in history

내려 가기는 - 역사 안으로이다
in history : as the greatest demonstration
역사 안으로는 - 가장 위대한 운동으로서이다

as the greatest demonstration : for freedom
그 가장 위대한 운동은 - 자유를 위한 것이다
for freedom : in the history
자유를 위한 것은 - 바로 그 역사 안에서이다
in the history : of our nation
바로 그 역사 안은 - 우리의 나라의 것이다
go down : in history

I am happy to join with you today in what will go down in history as the greatest demonstration for freedom in the history of our nation.

I 나는 am 있다 happy 행복한 상태에

to join 연합해서 / with you 당신들과 함께 / today 오늘

in what 무엇 안에 / will 할 것인 / go down 내려 가기를 / in history 역사 속에

as the greatest demonstration 바로 그 가장 위대한 운동으로서

for freedom 자유를 위하여

in the history 바로 그 역사 안에서 / of our nation 우리 나라의.

> **KOR** 나는 우리나라의 역사에서 자유를 위한 가장 위대한 민주운동으로 역사에 남게 될 오늘 우리의 만남에 행복합니다.
>
> **ENG** I am happy to join with you today in what will go down in history as the greatest demonstration for freedom in the history of our nation.

Martin Luther King Jr.
(마틴 루터 킹 주니어)
1963년 워싱턴 대행진'
출발기념 연설의 첫 문장
미국의 흑인민권을 극적으로 신장시킨 운동

Quiz 1 다음을 영작하시오. <내 인생에서 내가 원하는 것이 무엇인지 몰랐다.>

: I had no idea what I wanted to do with my life.

3강 이메일 쓰기

■ 학습목표

이메일 쓰는 방법을 익힌다.

● Business E-mail (서두)

▶ send

TO	
From	

Dear Mr. President

~~~~~~
~~~~~~
~~~~~~~~~~~~~~~~~~~~~~~~~~~

Dear Mr. President　　친애하는 사장님께
→ 매우 격식 있는 표현으로 수신인의 이름 대신 지위를 써야 할 경우

Dear Sir　　남자 관계자님께 드립니다.
→ 이름을 모르는 남자 수신인에게 정중한 표현

Dear Madam　　여자 관계자님께 드립니다.
→ 이름을 모르는 여자 수신인에게 정중한 표현

To whom it may concern　　관계자분(들)께 드립니다.
→ 수신인의 이름, 성별, 수를 알지 못할 때 정중한 표현

Dear Mr. 이름   친애하는 <남자 이름>님
→ 이름을 알고 있는 (기혼과 미혼) 남자 수신인에게 정중한 표현

Dear Mrs. 이름   친애하는 <여자 이름>님
→ 이름을 알고 있는 (기혼) 여자 수신인에게 정중한 표현

Dear Miss. 이름   친애하는 <여자 이름>님
→ 이름을 알고 있는 (미혼) 여자 수신인에게 정중한 표현

Dear Ms. 이름   친애하는 <여자 이름>님
→ 이름을 알고 있는 (기혼과 미혼) 여자 수신인에게 정중한 표현

▶ send

TO	
From	

Dear Mr. President

I am writing to you on behalf of …
~~~~~~~~~~~~~~~~~~~~~~~~~~~~~~
~~~~~~~~~~~~~~~~~~~~~~~~~~~~~~

I am writing to you on behalf of ...   ~를 대신하여 글을 드립니다.
→ 다른 사람을 대신하여 격식 있는 글을 보낼 때

with reference to ...   ~에 대해서 언급하자면
→ 연락하는 회사에서 제공했던 무언가에 대해 서두를 쓸 때

We are writing to you regarding ...   ~에 대해서 저희가 편지를 드립니다.
→ 회사를 대표해서 서두 인사를 격식에 맞게 올릴 때

● **Business E-mail (끝맺음)**

▶ send

| TO |
| From |

Dear Mr. President

I am writing to you on behalf of …
~~~~~~~~~~~~~~~~~~~~~~~~~~~~~~~
~~~~~~~~~~~~~~~~~~~~~~~~~~~~~~~~~~~
If you need any additional assistance, please contact me.

If you need any additional assistance, please contact me.
이 외에 도움이 더 필요하시다면, 저에게 연락하여 주시기 바랍니다.
→ 정중하고 매우 예의 바른 표현

If we can be of any further assistance, please let us know.
저희가 무엇이든 더 도와드릴 일이 있다면, 말씀하여 주십시오.
→ 정중하고 매우 예의 바른 표현

I look forward to discussing this with you.
이 일에 대해 당신과 함께 이야기 해 보고 싶습니다.
→ 정중하고도 단도직입적인 표현

We appreciate your business.
당신의 수고에 감사 드립니다.
→ 정중하고도 단도직입적인 표현

Don't hesitate to contact us again if you need further information.
추가적인 정보가 필요하시다면 망설이지 마시고 다시 연락주세요.
→ 정중하고 매우 예의 바른 표현

Please feel free to contact me if you have any questions.
질문이 있으시다면 언제든지 자유롭게 연락주세요.
→ 정중하고 매우 예의 바른 표현

```
▶ send
TO
From
```

Dear Mr. President

I am writing to you on behalf of …
~~~~~~~~~~~~~~~~~~~~~~~~~~~~~~~
~~~~~~~~~~~~~~~~~~~~~~~~~~~~~~~~~~~
If you need any additional assistance, please contact me.

> Yours sincerely,
> Sincerely yours,
> Very truly yours,
> Yours faithfully,

(First Name + Last Name)

Yours sincerely
(보내는 사람의 이름) 드림
→ 수신인의 이름을 알 경우, 정중한 표현

Best regards
(보내는 사람의 이름) 보냄
→ 서로 이름을 부르는 사이 정도 되는 비즈니스 파트너 사이의 격식 없는 표현

Regards
(보내는 사람의 이름) 보냄
→ 자주 같이 일하는 비즈니스 파트너 사이의 격식 없는 표현

출처: 무료 App - 얼빨영어

● 영화 속 채팅 장면 You've Got Mail(1998)

NY152
  Brinkely is my dog. He loves the streets of New York as much as I do. Although he likes to eat bits of pizza and bagel off the sidewalk, and I prefer to buy them.
  …

Don't you love New York in the fall? It makes me want to buy school supplies. I want to send you a bouquet of newly-sharpened pencils if I knew your name and address.

Shopgirl
Dear Friend.
I like to start my notes to you as if we're already in the middle of a conversation. I pretend that we're the oldest and dearest friends – as opposed to what we actually are, people who don't know each other's names and met in Chat Room where we both claimed we'd never been before…

What will NY152 say today, I wonder. I turn on my computer, I wait impatiently as it connects. I go on line, and my breath catches in my chest until I hear three little words: "You've Got Mail." I hear nothing, not even a sound on the streets of New York, just the beat of my own heart. I have mail from you.

● 문법과 영작 – 동사의 과거형

type	No	단어(현재형)	뜻	과거
type 1	1	cost	소비하다	cost
	2	cut	자르다	cut
	3	hit	때리다	hit
	4	hurt	다치게 하다	hurt
	5	put	놓다	put
	6	quit	그만두다	quit
	7	shut	닫다	shut

type	No	단어(현재형)	뜻	과거
type 2	8	lend	빌려주다	lent
	9	send	보내다	sent
	10	spend	소비하다	spent
	11	build	짓다	built
type 3	12	light	밝게 하다	lit
type 4	13	keep	유지하다	kept
	14	sleep	자다	slept
	15	feel	느끼다	felt
	16	shoot	쏘다	shot
	17	meet	만나다	met
type 5	18	bring	가져오다	brought
	19	buy	사다	bought
	20	fight	싸우다	fought
	21	seek	찾다, 구하다	sought
	22	think	생각하다	thought

Question!

1. Seventeen years later, I ___ go to college.
2. All of my working-class parents savings _____ being spent on my college.
3. After six months, I _____ not see the value in it.
4. He must _____ an American.
5. I _____ no idea what I wanted to do with my life.

정답 : 1-did, 2-were, 3-could, 4-be, 5-had

Quiz 1 "To whom it may concern"의 의미는?
: 수신인의 이름, 성별, 수를 알지 못할 때 쓰는 정중한 서두 표현

실·용·적·인·글·쓰·기 UNIT

1강 영시 쓰기 연습 1
2강 영시 쓰기 연습 2
3강 전치사 활용 쓰기 연습

1강 이력서 쓰기

■ 학습목표

이력서 쓰는 방법을 익힌다. 자신의 이력서를 쓸 수 있다.

Today's Saying 영작하기

> 당신이 과거 좌절을 겪었다는 것에 저는 관심 없습니다.
> 제가 관심 있는 것은 지금 당신이 일어설 수 있느냐 입니다.
>
> - Abraham Lincoln -

KOR	저는 [that ~ 에는] 관심 없습니다
ENG	I am not concerned that ~

KOR	당신이 과거 좌절을 겪었다는 것에는
ENG	that you have fallen

KOR	저는 [that ~에] 관심이 있습니다
ENG	I am concerned that~

86 UNIT 06 실용적인 글쓰기

KOR	당신이 지금 일어설 수 있느냐
ENG	that you arise

당신이 과거 좌절을 겪었다는 것에 저는 관심이 없습니다.
제가 관심 있는 것은 지금 당신이 일어설 수 있느냐 입니다.
→ I am not concerned that you have fallen,
I am concerned that you arise.

- Abraham Lincoln -

Abraham Lincoln

링컨 대통령은 미국에서 가장 존경 받는 대통령 중 한 명이다.
남북전쟁을 승리로 이끌었고, 노예제를 폐지했다.
그러나 링컨은 대통령이 되기 전까지 수많은 실패를 거듭했다.
아버지는 가난한 농부였고, 어머니는 미혼모의 딸이었으며, 둘 다 글을 몰랐다.
9세 어머니 사망
20세가 넘도록 백수
점원으로 일하던 방앗간을 인수했지만 1,100달러의 빚만 남기고 파산
24세 주 의회 낙선, 사업 실패
26세 사랑하는 여인의 죽음
27세 신경쇠약과 정신분열증
29세 의회 의장직 낙선
31세 대통령 선거위원 낙선
34세, 39세, 46세, 49세 국회의원 낙선
59세 대통령 당선 소감에서 성공 비결 "남들보다 실패를 많이 했기 때문"

● 이력서(Resume) 작성

NAME	Young-im Choi
Address	Kangdon-gu, Amsa-dong 121-3 Educare B/D 305-ho Seoul, South Korea
Contact information	010-7306-0503 rigolove@hanmail.net

이력서 상단

이름, 주소(좁은 장소 → 넓은 장소), 연락처(contact information)를 쓴다.
미국에서는 이력서에 사진과 생일을 기록할 필요가 없다.
외모나 나이에 대한 편견이나 차별을 유발할 수 있기 때문이다.

① ▸▸ Summary of skills :
두 세 줄 정도로 간단하게 자신이 잘하는 기술을 적는다.

- **Summary of qualifications(skills)**

    - *Experienced English instructor with excellent interpersonal and communication skills*
    - *Extensive background in teaching English education as a Foreign Language (EFL) at university levels*

② ▸▸ Educational or academic background :
대학이름, 소재지, 학위, 졸업시기

- **Educational background**

    - ***University of Kyunghee***, *Seoul, South Korea*
      Master of Education in English Language Education, February 2009
    - ***Gukje Cyber University***, *Suwon, Gyeonggi-do, South Korea*
      Bachelor of Arts in Teaching English, August 2013

③ ▸▸ Professional experience :
직위, 시기, 고용주, 장소 최근 시기의 경력부터 적음

- **Professional experience**

    - ***English professor***, *September 2012 – present*
    - ***Gukje Cyber University***, *Suwon, Gyeonggi-do, South Korea*
      Taught teaching English writing to adult students.

    - ***English Grammar Instructor***, *November 2009 – December 2011*
    - ***YI Hagwon***, *Seoul, S. Korea*
      Taught 15 week intensive programs to high school students.

④ ▸▸ Awards, scholarships, languages, hobbies or interests

Resume Form

NAME
Address
Contact information
▪ **Summary of qualifications(skills)**
- 6 years of experience in teaching and educational research - Strong management and administrative skills in consulting programs
▪ **Professional experience**
- Educational Program Development - Writing and Presentations
▪ **Professional employment**
- SD Counseling Center   Program Consultant   2010 - present
▪ **Educational background** ▪ **Awards** ▪ **Languages** ▪ **Hobbies or interests**

Resume and Cover Letter

1 ▸▸ 미국에서 구직 관련 서류 : 이력서(Resume), 구직 편지(Cover Letter)

2 ▸▸ 구직 편지 양식(Cover Letter Form)

```
Name
Address
City, State, Zip Code
Phone Number
Email

Dear <First name, Last name>

구직 관련 내용

Sincerely,
<First name, Last name>
```

Quiz 1 이력서 상단에 들어가는 내용은? : 이름, 주소, 연락처

2강 자기소개서 쓰기

■ 학습목표

자기소개서를 작성한다.

● 자기소개서 쓰기 - Autobiography

도입부 쓰기

As far as an English education, almost all the English teachers in Korea have proper knowledge at least I know. They sharpen not only their English capacity but also study proper teaching methods. However, when I started to teach English in 2000, I could not teach some grammar parts to the third grade of middle school students. I did not have any knowhow how to teach English and English proficiency in itself at that time.

Surprisingly, in 2010 and 2011, I taught English at KK University as a lecturer. What on earth had happened to me for the past 10 years? How could this possible? Here is my English story.

출처: 곽두일 학생 과제 예시(http://cafe.daum.net/kwakenglish)

I have experienced something different from other normal people in my life. My history as a language teacher is a little bit unique. I wanted to go to high school but I passed a certificate license examination for entrance to college. When I was seventeen years old, I really envied my friends who were high school students. I had to work for a living at that time.

마지막 문단 쓰기

Still, I am dreaming. I dream that I am teaching English in front of other English teachers. Teaching English to other professionals is one of my visions. This will be achieved through GJ Cyber University courses.

We should be not only a good teacher but also a good friend from the bottom of our hearts. We need to feel sympathy. I want to be a sincere teacher who shares my students' anxiety and joy. And I look forward to learning with you.

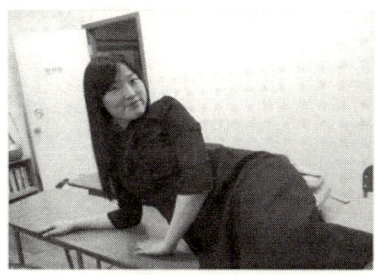 

Here are my pictures.

● MBTI 성격유형과 영어쓰기지도

① ▶▶ 에너지 유무 : 외향형(Extrovert) ↔ 내향형(Introvert)

② ▶▶ 뇌구조 차이 : 감각형(Sensing) ↔ 직관형(iNtuition)

③ ▶▶ 의사결정 방식 : 사고형(Thinking) ↔ 감정형(Feeling)

④ ▶▶ 학습 태도 : 인식형(Perceiving) ↔ 판단형(Judging)

사고형(Thinking) 　　 감정형(Feeling)

인식형(Perceiving) 　　 판단형(Judging)

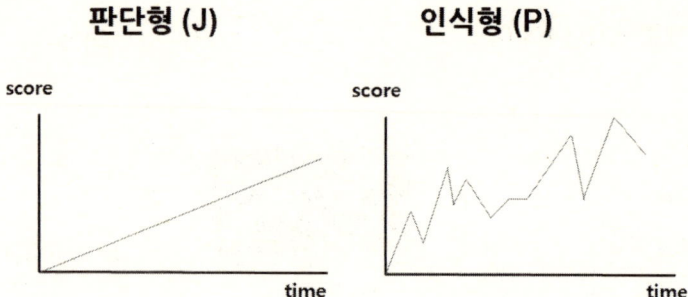

- J : 예상치 못한 상황을 싫어한다. 목표가 있으면 더 열심히
- P : 학습계획일 짜고, 실천할 때 타인의 도움이 필요하다.

Quiz 1 감정형 학습자가 영어 쓰기를 열심히 하는 방법은?
: 영어 쓰기를 가르치는 선생님을 좋아한다.

3강 로마자 표기법

■ 학습목표
로마자 표기법을 익힌 후 영문 이력서와 자기소개서 작성 시 참고해서 쓸 수 있다.

● The Romanization of Korea

한글의 로마자 표기법

해방 이후 사용되던 한글의 로마자 표기방식이 1984년 개정되었고, 이후 개선의 필요성이 제기되면서 1999년에 개정내용이 발표되고 2000년부터 사용하고 있는 표기법에 대해 표기법 규정을 살펴본다.

로마자 표기법

알파벳은 영어라고 생각하기 쉽지만 서구의 언어들이 다 알파벳으로 표기가 된 것이므로 이를 총칭하는 말은 영어가 아니라 '로마자'이다.
그러므로 로마자 표기법이라는 표현을 쓴다.

① ▶▶ Basic Principles of Romanization(로마자 표기의 기본원칙)

- Romanization is based on standard Korean pronunciation.
  로마자 표기법은 표준 한국어 발음에 기초를 둔다.
- Symbols other than Roman letters are avoided to the greatest extent possible.
  로마문자가 아닌 26개 그 밖의 기호들은 사용하지 않는다.
  - the greatest extent possible 가능한 최대한으로 피한다.
  - 예전 방식에서는 단어 위에 어깨점, 반달점, 꺾쇠 표시 등을 사용해 왔지만 새로운 개정표기법에서는 그런 것들을 사용하지 않는다.

② Summary of the Romanization System(로마자 표기법의 요약)

- Vowels are transcribed as follows : 모음은 다음과 같이 표기된다.

  - simple vowels 단모음

ㅏ	ㅓ	ㅗ	ㅜ	ㅡ	ㅣ	ㅐ	ㅔ	ㅚ	ㅟ
a	eo	o	u	eu	i	ae	e	oe	wi

  Ex 서울 Seoul, 국제 Gukje

- Vowels are transcribed as follows : 모음은 다음과 같이 표기된다.

  - dipthongs 이중모음

ㅑ	ㅕ	ㅛ	ㅠ	ㅒ	ㅖ	ㅘ	ㅙ	ㅝ	ㅞ	ㅢ
ya	yeo	yo	yu	yae	ye	wa	wae	wo	we	ui

  Note 1 'ㅢ' is transcribed as 'ui', even when pronounced as 'ㅣ'.
  주 1 'ㅢ'가 'ㅣ'로 발음될 때도 'ㅢ'는 'ui'로 표기한다.

  Note 2 Long vowels are not reflected in Romanization.
  주 2 장모음은 로마자 표기법에 반영되지 않는다.

- Consonants are transcribed as follows : 자음은 다음과 같이 표기된다.

ㄱ	ㄲ	ㅋ	ㄷ	ㄸ	ㅌ	ㅂ	ㅃ	ㅍ
g, k	kk	k	d, t	tt	t	b, p	pp	p

ㅈ	ㅉ	ㅊ	ㅅ	ㅆ	ㅎ	ㄴ	ㅁ	ㅇ	ㄹ
j	jj	ch	s	ss	h	n	m	ng	r, l

- Consonants are transcribed as follows : 자음은 다음과 같이 표기된다.

  Note 1 ㄱ, ㄷ, ㅂ은 모음 앞에 올 때는 각각 *g, d, b* 로 표기된다. 다른 자음이 뒤에 오거나 단어의 끝부분(어말부분)을 형성할 때는 *k, t, p* 로 표기된다.

  e.g. 영동 Yeongdong 백암 Baegam 옥천 Okcheon
  합덕 Hapdeok 호법 Hobeop

  Note 2 ㄹ은 뒤에 모음이 오는 때에는 r로 표기된다. 그리고 뒤에 자음이 오거나 단어의 끝에 가는 경우에는 l 로 표기된다.

  e.g. 구리 Guri 설악 Seorak 칠곡 Chilgok 임실 Imsil
  울릉 Ulleung 대관령[대괄령] Daegwallyeong

서울 : Seoul	부산 : Busan
대구 : Daegu	광주 : Gwangju
인천 : Incheon	대전 : Daejeon
울산 : Ulsan	

경기도 : Gyeonggi-do	강원도 : Gangwon-do
충청북도 : Chungcheongbuk-do	
충청남도 : Chungcheongnam-do	
전라북도 : Jeollabuk-do	전라남도 : Jeollanam-do
경상북도 : Gyeongsangbuk-do	
경상남도 : Gyeongsangnam-do	
제주도 : Jeju-do	

● 문법과 영작 – 부사의 위치

Question!

적절한 부사의 위치를 고르시오.

1. early : I found what (1) I loved (2) to do (3) in (4) life.
2. just : (1) I (2) had (3) turned (4) 30.

빈도 부사의 위치 (not의 위치)	
I don't love you.	You are not a teacher.
I will always love you.	You were often my teacher.

정답 : 1-(3), 2-(3)

Quiz 1 "경기도 수원"을 로마자 표기법과 영어식 주소쓰기로 기재하면?
: Suwon, Gyeonggi-do

UNIT
영 · 시 · 쓰 · 기

1강 영시 쓰기 연습 1
2강 영시 쓰기 연습 2
3강 전치사 활용 쓰기 연습

1강   영시 쓰기 연습 1

■ **학습목표**
영시를 활용한 영어 쓰기 활동을 학습한다.

Today's Saying 영작하기

*승리한다는 것은 항상 1등이 되는 것을 의미하는 것이 아니다.
승리는 당신이 전에 했던 것보다 지금 더 잘하고 있다는 것을 의미한다.*

- Bonnie Blair -

| KOR | 승리한다는 것은 항상 1등이 되는 것을 의미하는 것이 아니다. |
| ENG | Winning doesn't always mean being first. |

| KOR | 승리한다는 것은 (that~) 한다는 것을 의미합니다 |
| ENG | Winning means (that) ~ |

| KOR | (~보다 더) 당신이 (잘) 하고 있다는 것을 |
| ENG | you are doing (better than) |

*승리한다는 것은 항상 1등이 되는 것을 의미하는 것이 아니다.
승리는 당신이 전에 했던 것보다 지금 더 잘하고 있다는 것을 의미한다.*
→ *Winning does not always mean being first.
Winning means you are doing better than you have done before.*

- Bonnie Blair -

Bonnie Blair

Bonnie Blair는 미국의 여자 스피드 스케이팅 선수

*1988년 동계 올림픽에서 500m 금메달, 1,000m 동메달 획득
1992년과 1994년 연속으로 500m, 1,000m 두 종목에서 금메달 획득*

가장 뛰어난 업적을 남긴 여자 선수들 중 한 명

*우리는 자신과 타인을 비교함으로써 불행해진다.
나와 경험과 배경이 다른 타인은 진정한 비교대상이 되지 못한다.
우리가 진정 비교해야 할 대상은
어제의 나와 오늘의 나다.
남이 나보다 잘 된다고 낙심하지 말고,
어제의 나보다 더 나은 오늘의 내가 되기 위해 노력하자.*

● 영시를 활용한 영어쓰기지도

아마도, 사랑은…

John Denver and Placido Domingo

아마도 사랑은 휴식처 같은 것,
폭풍을 피하는 은신처와 같은 것,
사랑은 당신에게 위안을 주기 위해 존재하고
당신을 따뜻하게 지켜주기 위해 거기에 있지요.
그리고 힘든 시기에
당신이 가장 외로울 때에,
사랑의 추억은 당신을 집으로 데려가 줄 거에요.

아마도, 사랑은…
Perhaps Love

John Denver and Placido Domingo

KOR 아마도 사랑은 휴식처 같은 것,
ENG Perhaps love is like a resting place

KOR 폭풍을 피하는 은신처와 같은 것,
ENG A shelter from the storm

What is 'love' to you?

KOR 사랑은 당신에게 위안을 주기 위해 존재하고
ENG It exists to give you comfort

KOR 사랑은 당신을 따뜻하게 지켜주기 위해 거기에 있지요.
ENG It is there to keep you warm.

KOR 그리고 힘든 시기에
ENG And in those times of trouble

KOR 당신이 가장 외로울 때,
ENG When you are most alone,

KOR 사랑의 추억은 당신을 집으로 데려다 줄 거에요.
ENG The memory of love will bring you home.

Quiz 1 다음을 영작하시오. [아마도 사랑은 휴식처와 같은 것]
: Perhaps love is like a resting place.

2강 영시 쓰기 연습 2

■ **학습목표**
이미지와 감성, 상상력, 음악 등을 활용한 영시 쓰기를 학습한다.

아마도 사랑은 창문과도 같은 것,

어쩌면 열려 있는 문과 같은 것.

사랑은 더 가까이 오라고 당신을 초대하지요.

사랑은 당신에게 더 많은 것을 보여주기를 원하지요.

그리고 비록 당신이 당신 자신을 잃을 지라도

그리고 무엇을 해야 할 지 모른다 해도,

사랑의 추억은 당신을 끝까지 지켜봐 줄 거에요.

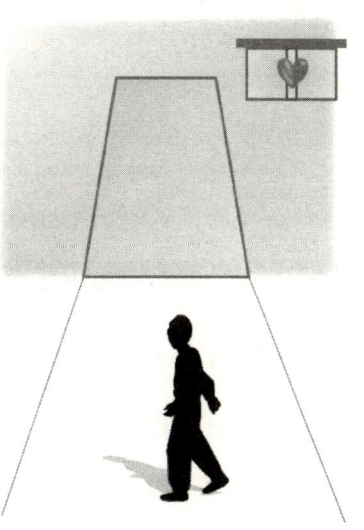

KOR	아마도 사랑은 창문과도 같은 것,
ENG	Perhaps love is like a window,

KOR	어쩌면 열려 있는 문과 같은 것.
ENG	Perhaps an open door.

KOR	사랑은 더 가까이 오라고 당신을 초대하지요.
ENG	It invites you to come closer

KOR	사랑은 당신에게 더 많은 것을 보여주기를 원하지요.
ENG	It wants to show you more.

KOR	그리고 비록 당신이 당신 자신을 잃을 지라도
ENG	And even if you lose yourself

KOR	그리고 무엇을 해야 할 지 모른다 해도,
ENG	And don't know what to do,

KOR	사랑의 추억은 당신을 끝까지 지켜봐 줄 거에요.
ENG	The memory of love will see you through.

※ see through – 끝까지 돕다, 끝까지 돌봐주다.

오, 어떤 사람에게 사랑은 구름과 같고

어떤 사람에게는 강철처럼 강하지요

어떤 사람에게는 삶의 방식이며

어떤 사람에게는 느끼는 방법이지요.

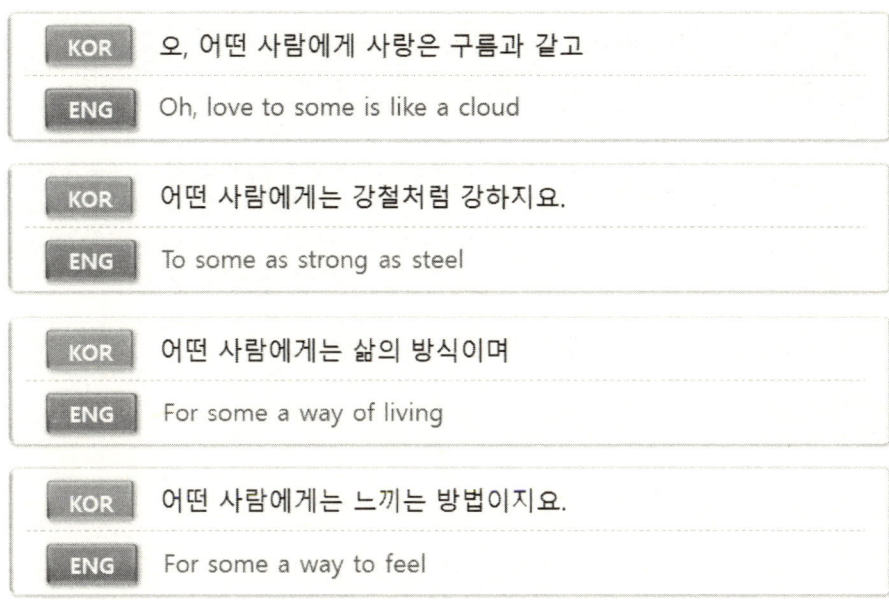

그리고 어떤 사람은 사랑은 계속 붙잡고 있는 것이라고 말하고

어떤 사람은 사랑은 놓아주는 것이라고 말하죠.

그리고 어떤 사람은 사랑은 모든 것이라고 말하고,

어떤 사람은 그들은 잘 모르겠다고 말하죠.

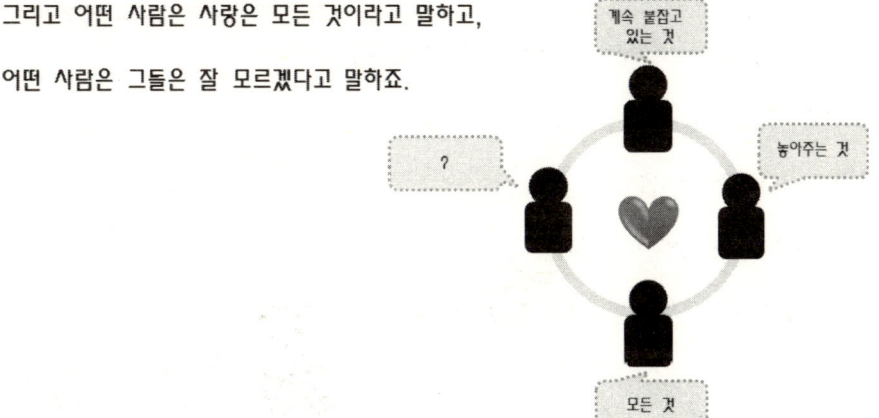

| KOR | 그리고 어떤 사람은 사랑은 계속 붙잡고 있는 것이라고 말하고 |
| ENG | And some say love is holding on |

| KOR | 어떤 사람은 사랑은 놓아주는 것이라고 말하죠. |
| ENG | And some say letting go. |

| KOR | 그리고 어떤 사람은 사랑은 모든 것이라고 말하고, |
| ENG | And some say love is everything, |

| KOR | 어떤 사람은 그들은 잘 모르겠다고 말하죠. |
| ENG | And some say they don't know. |

어쩌면 사랑은 (~로 가득 찬) 대양과 같은 것

가득 찬 갈등과 가득 찬 고통

밖이 추울 때 (춥고, 비 내리고, 천둥 칠 때) 불과 같은 것

비 내릴 때 천둥 칠 때

만일 내가 영원히 산다면

그래서 나의 모든 꿈이 실현된다면

사랑에 대한 나의 추억은 당신에 관한 것일 겁니다.

KOR	아마도 사랑은 (~로 가득 찬) 대양과 같은 것
ENG	Perhaps love is like the ocean

KOR	가득 찬 갈등과 가득 찬 고통
ENG	Full of conflict, full of pain

KOR	밖이 추울 때 (춥고, 비 내리고, 천둥 칠 때) 불과 같은 것
ENG	Like a fire when it's cold outside

KOR	비 내릴 때 천둥 칠 때
ENG	Thunder when it rains

KOR	만일 내가 영원히 산다면
ENG	If I should live forever

KOR	그래서 나의 모든 꿈이 실현된다면
ENG	And all my dreams come true

KOR	사랑에 대한 나의 추억은 당신에 관한 것일 겁니다.
ENG	My memories of love will be of you.

Quiz 1 <사랑의 추억은 당신을 끝까지 지켜줄 거예요> 다음을 영작하시오.
: The memory of love will see you through.

3강 전치사 활용 쓰기 연습

■ **학습목표**
전치사의 정의, 역할, 용법에 대해서 이해한다.

● 전치사의 정의

전치사(前置詞 preposition)

전치사의 '앞 전(前)' 자는 영어의 'pre'와 같은 뜻이다.
'놓일 치(置)' 자도 영어의 'position'의 의미다.

전치사 = 앞에 놓인다 = 명사 앞자리를 말함

▶▶ 따라서 전치사가 나오면 뒤에 명사가 온다는 사실을 명심해야 한다.

<전치사 + 명사> = "전명구 또는 전치사구"

▶▶ 구 : 두 단어 이상이 모여서 하나의 품사 역할을 하는 것을 말한다.

● 전치사의 역할

1 ▶▶ 형용사 또는 부사 역할을 하는 전치사구

- 전치사구가 명사를 수식하면 형용사 역할을 한다.

    Ex1 The book on the table is mine.

    Ex2 I received a letter in English yesterday.

- 전치사구가 동사, 형용사, 부사 등을 수식하면 부사 역할을 한다.

    Ex He studied English in the USA for three months
    We met in Chat Room.

108 UNIT 07 영시 쓰기

② ▸▸ 전치사 + 목적격 대명사

- 전치사 뒤에는 목적격 대명사가 온다.

    Ex1 Listen to me carefully.

    Ex2 I have mail from you.

③ ▸▸ 전치사 + 동명사

- 전치사 뒤에 동사가 오면 동명사로 바꿔준다.

    Ex1 I Thank God for letting us meet.

    Ex2 They confused me by asking so many questions.

● 전치사의 용법

① ▸▸ 전치사 at과 in의 비교

- at : 좁은 장소, 좁은 시간

to	at
→ 방향	• 지점

    Ex at the bank, at noon, at 7 o'clock, at night

- in : 넓은 장소, 넓은 시간

    Ex in Seoul, in the USA, in the morning, in the afternoon

2 ▸▸ 전치사 for과 during의 비교

- for : How long~?

    ~동안, 시간의 길이를 나타내며, 흔히 뒤에 숫자가 온다.

    `Ex` My mother has been washing her car for two hours.

- during : When~?

    ~동안, 특정 기간을 나타내고, 보통 뒤에 명사가 온다.

    `Ex1` My father washed his car during vacation.

    `Ex2` What are you going to do during her visit?

3 ▸▸ 공간 속의 전치사 비교

- above : ~보다 위에
- below : ~보다 아래에
- over : 바로 위에
- under : 바로 아래에
- on : 표면에 접촉해서 위에
- beneath : 표면에 접촉해서 아래에
- up : 위쪽으로
- down : 아래쪽으로

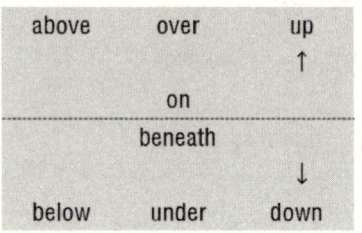

4 ▶▶ 전치사와 숙어

- at best : 고작, 기껏해야
- at large : 일반적으로
- at last : 마침내
- at least : 최소한
- at once : 즉시
- for good : 영원히
- in brief : 간단히 말해서
- in short : 간단히 말해서, 결국

5 ▶▶ 전치사와 숙어

- Belong to : ~에 속하다
- Look for : 찾다
- Occur to : 마음에 생각이 떠오르다, 문득 생각나다
- A friend of mine : 한 명의 나의 친구 (이중 소유격)

  Ex1 Not too long ago, a friend of mine got divorced.

  Ex2 That is no business of yours.
  (no your business - X)

  ☞ a, an, the, 소유격, no, any, some 등은 동시에 올 수 없다!

● 문법과 영작 - 전치사

> **Question!**
>
> 1. I belong ___ that classification of people known as wives.
> 2. A male friend ___ mine appeared on the scene fresh from a recent divorce.
> 3. He had one child, who is, of course, ___ his ex-wife.
> 4. He is looking ___ another wife.
> 5. It suddenly occurred ___ me that I too, would like to have a wife.

정답 : 1-to, 2-of, 3-with, 4-for, 5-to

Quiz 1 다음 빈칸에 적절한 전치사를 순서대로 쓰시오.

I belong (　) that classification (　) people known (　) wives.

: to, of, as

UNIT
영·어·일·기·쓰·기

1강 영어일기 쓰기 1
2강 영어일기 쓰기 2
3강 동사의 과거형 쓰기

1강　영어일기 쓰기 1

■ 학습목표
영어 일기 쓰기를 할 때 알아야 할 날짜, 날씨, 감정 등의 표현을 익힌다.

Today's Saying 영작하기

나는 1,000번 실패했다고 말하지 않을 것이다.
나는 실패할 수 있는 1,000가지 방법이 있다는 것을 발견했다고 말할 것이다.

- Thomas Edison -

| KOR | 나는 (that) 이라고 말하지 않을 것이다. |
| ENG | I will not say (that) ~ |

| KOR | 1,000번 실패했다 (라고) |
| ENG | I failed 1,000 times. |

| KOR | 나는 (that) 이라고 말할 것이다. |
| ENG | I will say that ~ |

| KOR | 나는 (that) 이하를 발견했다. |
| ENG | I discovered (that) ~ |

| KOR | 1,000 가지 방법이 있다. |
| ENG | there are 1,000 ways |

| KOR | (that) 실패를 야기할 수 있는 (1,000 가지 방법) |
| ENG | that can cause failure. |

나는 1,000번 실패했다고 말하지 않을 것이다.
나는 실패할 수 있는 1,000가지 방법이 있다는 것을 발견했다고 말할 것이다.
→ I will not say I failed 1,000 times.
I will say that I discovered there are 1,000 ways that can cause failure.

- Thomas Edison -

Thomas Edison

Edison은 유년 시절부터 호기심이 많았다.
정규교육을 받은 것은 단 3개월 뿐이었다. 당시 학교의 주입식 교육에 적응하지 못했다.
그러나 어머니의 열성적인 교육으로 점차 재능을 발휘해 1980년대 후반
축음기, 전화 송신기, 전등 등 발명의 길을 열어준 위대한 과학자로 역사에 남게 되었다.

실패란 바라보는 관점에 따라서 달리 보이는 것이다.
1,000번의 실패는 그 실패의 길로 가지 않는 1,000가지 방법을 안 것이다.
실패를 두려워 말고, 당당히 도전해서 실패하자!
중요한 것은 그 이후의 성찰적 삶이다.

영어 일기 쓰기

날짜 쓰기

한국	연도, 월, 일	13/8/15	2013 August 15
미국	월, 일, 연도	8/15/13	August 15, 2013
영국	일, 월, 연도	15/8/13	15 August 2013

| 연도 | 월 | 일 | 요일 |
| 2013년 | 8월 | 15일 | 목요일 |

| 요일 | 월 | 일 | 연도 |
| Thursday | August | 15, | 2013 |

날씨 표현

더운 hot	건조한 dry	흐린 cloud	잔뜩 흐린 overcast
습한 humid	눅눅한 muggy	비 오는 rainy	안개 낀 foggy
쌀쌀한 chilly	추운 cold	따뜻한 warm	햇빛 찬란한 sunny
바람 부는 windy	눈 오는 snowy	소나기 shower	황사 yellow dust(sand)
날씨가 변덕스러운 unpredictable		비가 억수같이 퍼붓는 pouring	

■ 1-12월, 요일 쓰기

월	영어표기	약자
1월	January	Jan
2월	February	Feb
3월	March	Mar
4월	April	Apr
5월	May	May
6월	June	Jun
7월	July	Jul
8월	August	Aug
9월	September	Sep
10월	October	Oct
11월	November	Nov
12월	December	Dec

요일	영어표기	약자
월	Monday	Mon
화	Tuesday	Tue
수	Wednesday	Wed
목	Thursday	Thu
금	Friday	Fri
토	Saturday	Sat
일	Sunday	Sun

TGIF = Thank God. It's Friday!

긍정적 감정 표현

| I 과거동사 | I felt 형용사 | I was ~ | Someone look ~ |

동사 표현
웃다 smile
소리 내어 웃다 laugh
이를 드러내고 방긋 웃다 grin
함박웃음을 짓다 beam
비웃다, 무시하며 웃다 smirk
비웃다, 냉소(소소)하다 sneer

형용사 표현	
행복한	happy
	great
	good
	fantastic
	pleased
	pleasant
만족한 satisfied	
흥미진진한 excited	
희망찬 hopeful	

부정적 감정 표현

화난 angry, upset	분개하는 resentful	격노한 furious	성난 offended
당황한 embarrassing	슬픈 sad, sorrowful	외로운 lonely	지루한 bored
울적한 depressed	낙담한 discouraged	비참한 miserable	후회하는 regretful
우울한 gloomy	짜증나는 annoyed	혼란스러운 confused	실망한 disappointed
무관심한 indifferent	냉정한 cold	겁먹은 scared, frightened	비관적인 pessimistic
조조한 nervous	역겨운 disgusted	걱정하는 worried	

정리하기 (wrap up)

Thursday August 15, 2013 Rainy

Today is Korean independence day (or Korean National Liberation day). The celebration was held at the Sejong Center. I watched TV. I felt sad because it reminded me of independence fighters who died for Korea.

※ remind A of B : A로 하여금 B를 생각나게 하다.

Tip!

▸ 단 한 줄이라도 매일 쓴다.

▸ 반복하되, 새로운 표현에 조금씩 도전하자.

▸ 문법은 고려하지 않는다.

▸ 자유롭게 나의 마음과 느낌을 표현한다.

▸ 편하고 부담스럽지 않게 습관을 들인다.

> 뇌의 쓰기 영역을 담당하는 부분을 발달시키기 위해서 쓰기를 훈련해야 한다.

Quiz 1 <2013년 9월 2일 월요일>을 미국식 방식으로 표현하시오.
: Monday September 2, 2013

2강 영어일기 쓰기 2

■ **학습목표**

날짜를 읽고 쓰는 방법을 학습한다.
하루 일상에 대한 일기 쓰기를 연습한다.

● 영어일기쓰기 - 국경일과 기념일

국경일, 기념일	영어표현	날짜
신정	New Year's day	1.1
구정	Korean new year's day	음력 1.1
삼일절	Independence movement day	3.1
어린이날	Children's day	5.1
어버이날	Parents' day	5.8
스승의 날	Teacher's day	5.15
추석	Korean Thanks-giving day	음력 8.15

● 영어일기쓰기 - 날짜 쓰기

기수(cardinal number)와 서수(ordinal number)				
날짜는 서수로 쓰고, 서수로 읽는 것이 원칙이다.				
1 first	2 second	3 third	4 fourth	5 fifth
6 sixth	7 seventh	8 eighth	9 ninth	10 tenth
11 eleventh	12 twelfth	13 thirteenth	14 fourteenth	15 fifteenth
16 sixteenth	17 seventeenth	18 eighteenth	19 nineteenth	20 twentieth
21 twenty first	22 twenty second	...	29 twenty ninth	30 thirtieth
31 thirty first				

How to Write English Diary

KOR 아침 5시에 일어났다.
ENG I got up at five.

KOR 더 자고 싶었지만
ENG I wanted to sleep more,

KOR 수업에 늦기 않기 위해서 서둘러야 했다.
ENG but I had to hurry up not to be late for my class.

KOR 나는 많이 피곤했다.
ENG I felt very tired~

KOR 영작 공부하느라 밤 늦게까지 깨어 있었기 때문에
ENG because I stayed up late at night to study English writing.

KOR 6시에 아침을 먹고 운동하러 갔다.
ENG After I ate breakfast at six, I went to the gym to work out.

KOR 그리고 전철 타고 영어 학원에 갔다.
ENG And I went to the YI English institute by subway.

KOR 나는 선생님께 ~라고 말씀 드렸다.
ENG I said to my teacher ~

| KOR | 숙제가 너무 어려웠어요. |
| ENG | "It was difficult for me to do my homework." |

| KOR | 선생님은 오늘은 숙제를 내지 않으셨다. |
| ENG | She let me off homework today. |

| KOR | 학원을 마치고 회사에 출근했다. |
| ENG | After class, I went to work. |

| KOR | 일하고 싶지 않았다. |
| ENG | I did not want to work. |

| KOR | 그러나 마무리 해야 할 많은 일들이 있었다. |
| ENG | But there was much work to be done. |

| KOR | 회사를 그만두고 싶었다. |
| ENG | I wanted to quit my job. |

| KOR | 나는 영어 교사가 되고자 하는 꿈이 있다. |
| ENG | I have a dream to be an English teacher. |

| KOR | 나는 직업을 바꾸고 싶다. |
| ENG | I want to change my job. |

Monday March 5th, 2001					Sunny

I got up at five. I wanted to sleep more, but I had to hurry up not to be late for my class. I felt very tired because I stayed up late at night to study English writing. After I ate breakfast at six, I went to the gym to work out. And I went to the YI English institute by subway. I said to my teacher "It was difficult for me to do my homework". She let me off homework today. After class, I went to work. I did not want to work. But there was much work to be done. I wanted to quit my job.

I have a dream to be an English teacher. I want to change my job. I am learning English everyday so that I can be a good English teacher. After coming home I kept a diary in English. Keeping an English diary is difficult for me and it takes much time. But I am sure that writing English will help me improve my English.

● **도파민 영어학습법 (김승환, 2010)**

도파민 : 쾌감을 발생시키는 신경전달 물질

몸이 피곤해도 밤새서 게임을 하는 이유는 게임의 쾌락이 뇌의 도파민 분비량을 증가시키기 때문이다.

성취감을 느끼거나 칭찬을 받으면 뇌에서 도파민이 분출된다.

뇌는 어떤 이유로 도파민이 나오게 되었는지 알고 있고, 그 쾌감을 다시 느끼기 위해 같은 행위를 반복하도록 유도한다.

내가 좋아하는 내용의 영어를 해야 정보와 정서가 결합해서 장기기억 장치로 가고 긍정적인 정서를 불러일으킨다.

어떤 방법이든 그 방법으로 영어 공부를 실천했을 때 스트레스와 부담이라면 피하는 것이 좋다. 지속적인 스트레스는 코티솔이라는 스트레스 호르몬을 분비시켜 기억을 방해한다.

영어는 즐겁게 공부해야 한다!

Quiz 1 <3월 30일>을 영어로 쓰시오 (미국식).

: March thirtieth (3. 30th)

3강 동사의 과거형 쓰기

■ 학습목표

동사의 불규칙 과거형의 규칙을 이해하고 활용한다.
동명사와 to 부정사의 차이를 이해한다.

● 동사의 과거형 쓰기

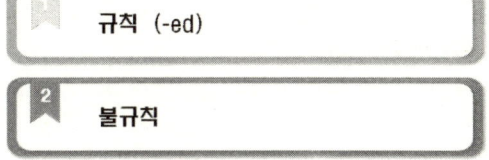

✓ 미국 아이는 모국어인 영어 과거형 동사를 배울 때,
　규칙 동사부터 배울까요?
　불규칙 동사부터 배울까요?

● 불규칙동사 학습곡선 (U-Shape)

영어를 모국어로 배우는 아동의 동사 습득

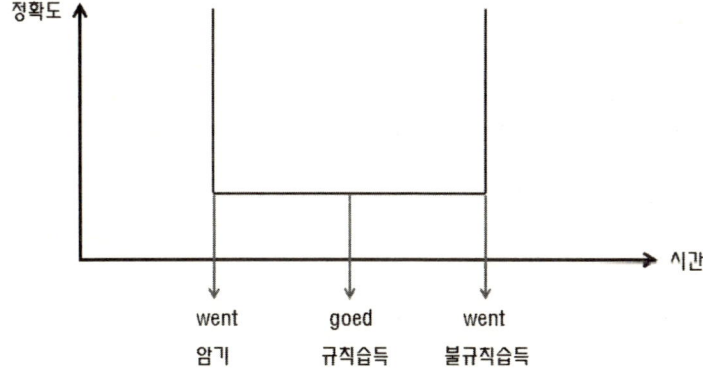

● 동사의 과거형 - 불규칙동사

1 ▸▸ 현재 - 과거 - 과거 분사

2 ▸▸ 과거 = 과거 분사

3 ▸▸ 과거 ≠ 과거 분사

- 과거에는 t 또는 d가 과거형 접미사였다.
- -t로 끝나는 불규칙 동사의 규칙을 배워보자.
    (1) -t로 끝난다.
    (2) 모음이 짧다.

● 동사의 과거 - Review

type	No	단어(현재형)	뜻	과거
type 1	1	cost	소비하다	cost
	2	cut	자르다	cut
	3	hit	때리다	hit
	4	hurt	다치게 하다	hurt
	5	put	놓다	put
	6	quit	그만두다	quit
	7	shut	닫다	shut

type	No	단어(현재형)	뜻	과거
type 2	8	lend	빌려주다	lent
	9	send	보내다	sent
	10	spend	소비하다	spent
	11	build	짓다	built
type 3	12	light	밝게 하다	lit

type	No	단어(현재형)	뜻	과거
type 4	13	keep	유지하다	kept
	14	sleep	자다	slept
	15	feel	느끼다	felt
	16	shoot	쏘다	shot
	17	meet	만나다	met

type	No	단어(현재형)	뜻	과거
type 5	18	bring	가져오다	brought
	19	buy	사다	bought
	20	fight	싸우다	fought
	21	seek	찾다, 구하다	sought
	22	think	생각하다	thought

■ 첫 자음 + ought

How to Write English Diary

KOR 아침 5시에 일어났다.
ENG I got up at five.

KOR 더 자고 싶었지만
ENG I wanted to sleep more,

KOR 수업에 늦기 않기 위해서 서둘러야 했다.
ENG but I had to hurry up not to be late for my class.

KOR 나는 많이 피곤했다.
ENG I felt very tired~

KOR 영작 공부하느라 밤 늦게까지 깨어 있었기 때문에
ENG because I stayed up late at night to study English writing.

KOR 6시에 아침을 먹고 운동하러 갔다.
ENG After I ate breakfast at six, I went to the gym to work out.

KOR 그리고 전철 타고 영어 학원에 갔다.
ENG And I went to the YI English institute by subway.

KOR 나는 선생님께 ~라고 말씀 드렸다.
ENG I said to my teacher ~

KOR 숙제가 너무 어려웠어요.
ENG "It was difficult for me to do my homework."

KOR 선생님은 오늘은 숙제를 내지 않으셨다.
ENG She let me off homework today.

KOR 학원을 마치고 회사에 출근했다.
ENG After class, I went to work.

KOR 일하고 싶지 않았다.
ENG I did not want to work.

KOR 그러나 마무리 해야 할 많은 일들이 있었다.
ENG But there was much work to be done.

KOR 회사를 그만두고 싶었다.
ENG I wanted to quit my job.

KOR 나는 영어 교사가 되고자 하는 꿈이 있다.
ENG I have a dream to be an English teacher.

KOR 나는 직업을 바꾸고 싶다.
ENG I want to change my job.

● 문법과 영작 – 동명사 VS. To 부정사

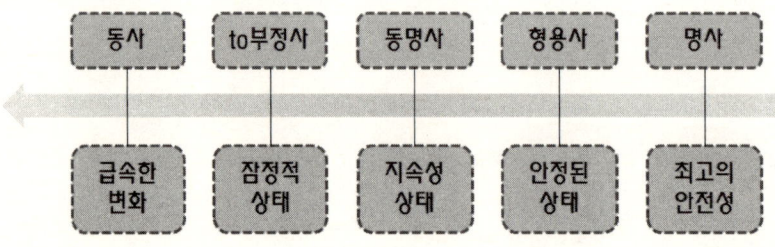

자료 : 권경원, 1994 「동명사와 부정사의 의미론적 연구」
영어영문학연구 35호 (pp. 273-275)

to 부정사

방향성, 변화가능성, 미래지향성

Ex		
S	V	O
They	wish want hope expect plan, promise, seek, decide	to eat snack.

동명사

Ex		
S	V	O
I	stop finish give up discontinue enjoy deny, mind(꺼리다), avoid, help(피하다)	smoking.

Question!

1. I want my wife (to quit, quitting) (to work, working).

2. I stopped (to smoke, smoking) so I am very healthy now.

3. I can not help (to laugh, laughing).

4. This book is worth (to read, reading) many times.

5. I am busy (to prepare, preparing) for the exam.

정답 : 1-to quit, working, 2-smoking, 3-laughing, 4-reading, 5-preparing

Quiz 1 <나는 어제 금연했다>를 영작하시오.

: I stopped smoking yesterday.

UNIT
언·어·능·력·쓰·기·시·험·대·비 - NEAT

1강 NEAT 시험 유형과 전략
2강 NEAT 글쓰기 1
3강 NEAT 글쓰기 2

1강 NEAT 시험 유형과 전략

■ **학습목표**
NEAT 시험 중 쓰기 영역에 대해서 개략적으로 이해한다.

Today's Saying 영작하기

> 모든 사람은 세상을 바꾸려고 생각하지만,
> 아무도 스스로 변화되려는 생각은 하지 않는다.
>
> - Leo Tolstoy -

KOR	모든 사람들은 세상을 바꾸려고 생각하지만,
ENG	Everyone thinks of changing the world,

KOR	아무도 스스로 변화되려는 생각은 하지 않는다.
ENG	but no one thinks of changing himself.

문법(Grammar)

- think of : (좁은 범위, 주관적) ~에 대해서 생각하다
  What did you think of that musical we saw yesterday?
- think about : (넓은 범위, 객관적) ~에 대해서 생각하다
  What do you think about musicals?

모든 사람들은 세상을 바꾸려고 생각하지만,
아무도 스스로 변화되려는 생각은 하지 않는다.
→ Everyone thinks of changing the world,
But no one thinks of changing himself.

- Leo Tolstoy -

세상은 변하지 않는다. 내 마음이 변하면 세상이 달리 보이게 된다.
누군가가 변화되길 원한다면 그것은 잘못된 생각이다.
내가 변하면 상대방도 변화된 나를 보고 달라지기 시작할 것이다.
세상을 옳고 그름이 아니라 같고 다름의 시각으로 바라보자.
성숙의 기준은 문제의 원인을 자신의 내부에서 찾느냐 외부에서 찾느냐이다.
먼저 자신을 바라보자. 모든 문제는 나로부터 시작된다.

● NEAT 시험 유형과 전략

1. NEAT 소개 (1급-4급)
2. 쓰기 영역 문항과 소재
3. NEAT 정보 Website

NEAT(Nation English Ability Test, **국가 영어 능력 평가 시험**)

영어의 네 가지 영역(four skills)인 듣기, 읽기, 말하기, 쓰기 능력을 평가하는 인터넷 기반 시험(iBT)으로써 해외 영어 시험에 대한 의존도를 낮추고 장기적으로 우리나라 학생들의 영어 표현 능력을 신장시키기 위해 정부가 개발한 영어 능력 평가 시험입니다.

● NEAT의 종류

1급	성인, 대학생 수준, 졸업시험, 취업
2급	고등학생, 대학의 학업에 필요한 기초 학술 영어 능력

3급	고등학생, 일상 생활에 필요한 실용 영어 능력 평가
4급	초등학생 고학년과 중학생, 실용 영어 능력 평가

■ NEAT 2급과 3급

구분	2급	3급
평가 목표	대학에서 학업하는 데 필요한 기본적인 영어 사용 능력	일상생활에 필요한 실용 영어 사용 능력
평가 내용	기초 학술 주제 이해, 활용 능력 학업관련 상황 표현 능력	실용적 주제 이해, 활용 능력 일상생활 상황 표현 능력
평가 소재	인문, 사회, 경제, 과학, 문화 등 일상생활, 여행, 학교생활 등	일상, 여행, 문서작성, 광고 등 질문 답하기, 이메일 쓰기 등
쓰기영역 소재	기초학술 50% 실용 50%	실용 100%
문법	쓰기에서 의사소통 능력에 초점을 두어 자연스러운 표현 능력 중심	쓰기에서 의사소통 능력에 초점을 두어 자연스러운 표현 능력 중심
어휘수준	교육과정에 포함된 3,000여 개	교육과정에 포함된 2,000여 개

■ NEAT 2급과 3급 쓰기 문항

구분	2급	3급
시험 시간	35분	35분
문항 유형	일상생활에 관한 글쓰기 (15분) 자기 의견 쓰기 (20분)	상황에 맞는 짧은 글쓰기 (5분) 그림의 세부 묘사 완성 (5분) 기능문 쓰기 (10분) 그림 묘사 및 추론하기 (15분)
문항 수	2문항	4문항

NEAT 1급 쓰기 영역 (3문항)

Part 1 - 이메일 쓰기

Part 2 - 묘사하기 (그림, 도표, 정보를 활용해 내용을 묘사 또는 설명)

Part 3 - 에세이 작성 (질문을 듣고 관련 주제 쓰기 Listen and Write)

■ 쓰기 영역 소재 - 기초학술 분야

1. 학교 생활 (교우 관계 포함)
2. 영어 문화 (언어적, 비언어적 의사소통 방식 등)
3. 타문화 (생활 습관, 학교 생활, 일상 생활 등)
4. 언어와 문화적 차이
5. 우리 문화 (문화 및 생활 양식 소개)
6. 정치, 경제, 역사, 지리, 과학, 정보 통신, 우주, 해양, 탐험
7. 예술, 문학
8. 개인 복지 (근로, 진로 문제 등)
9. 정서 순화, 합리적 사고

■ 쓰기 영역 소재 – 실용 분야

1. 개인 생활
2. 가정 생활 (의식주 포함)
3. 사회 생활 (대인 관계 포함)
4. 생활 습관, 건강, 운동
5. 여가 (취미, 오락, 여행 등)
6. 자연 현상 (동식물, 계절, 날씨 등)

■ NEAT 쓰기 시험 소재별 출제 비율

2급 : 기초학술 50%, 실용 50%
3급 : 실용 100%

■ NEAT 정보

NEAT 1급　　　: 국제 국립교육원(https://www.neat.go.kr/main.do)
NEAT 2급과 3급 : 한국 교육과정 평가원(http://www.neat.re.kr/)
무료 NEAT 강의: EBSe (영어 교육 채널 EBS English) http://www.ebse.co.kr/ebs/
　　　　　　　　fhz.AneNeatMain.laf

Quiz 1　NEAT 쓰기 시험 2급과 3급의 소재 출제 비율은?
　　　　: 2급 - 기초학술 50%, 실용 50% 출제, 3급 - 실용 100% 출제

2강 NEAT 글쓰기 1

■ **학습목표**

NEAT 3급 시험을 위한 영어 쓰기를 연습한다.

● **NEAT 쓰기 시험 3급**

1. 상황에 맞는 글쓰기 (5분)
2. 그림 세부 묘사 완성 (5분)
3. 기능문 쓰기 (10분)
4. 그림 묘사 및 추론 (15분)

■ 상황에 맞는 글쓰기 (출처 EBSe)

문제: 자습 시간에 졸고 있는 친구에게 졸음을 쫓기 위한 방안을 제안하는 상황이다. 다음에 제시된 세 가지 상황 중 하나를 선택한 후, 주어진 단어나 어구를 활용하여 상황에 알맞게 제안하는 메시지를 완전한 2-3개의 문장으로 작성하시오. (15~25단어)

wash face/restroom ---------------- 상황 1
eat ice cream/snack bar --------- 상황 2
get some air/bench --------------- 상황 3

상황 1. wash face/restroom (20단어)

우리 잠 좀 깨야 / 할 것 같다.
I think / we need to wake up.
잠을 깨기 위해 / 화장실에서 세수하는 / 게 어떨까?

What about / washing our faces in the restroom / so we can stay awake?

상황 2. eat ice cream/snack bar (21단어)
간식 먹는 것이 <잠을 깨는> 좋은 방법인 / 것 같다.
I think / eating snacks is a good way <to stay awake>.
매점에서 / 아이스크림 좀 먹자.
Let's eat some ice cream / at the snack bar.

상황 3. get some air/bench (22단어)
내 생각에는 / 바람을 좀 쐬어야 할 것 같다.
I think / we need to get some fresh air.
정신 좀 들게 나가서 / 벤치에 앉아 있는 게 / 어때?
What about / going outside /
and sitting on a bench to keep ourselves awake?

> **제안하기 표현**
> - Let's V : ~하자.
>   Let's go outside.
> - What about Ving : ~하는 게 어때?
>   What about going outside?

● 그림 세부 묘사 완성하기

문제 : 아래의 글은 연구실에 있는 사람들의 행동을 묘사한 것이다. 다음 그림을 보고 (1)~(4)의 빈칸에 각각 10개 이내의 단어를 사용하여 문장을 완성하시오.

There are several people in the laboratory.

(1) The young man is _____.
(2) The young woman is _____.
(3) The old man is _____.
(4) The tall and lean man is _____.

There are several people in the laboratory.

(1) The young man is <u>holding up a laboratory mouse to check its health</u>. 젊은 남자는 실험용 쥐를 들어 건강 상태를 확인하고 있다.

(2) The young woman is <u>peering very carefully through a microscope</u>. 젊은 여자는 현미경으로 매우 자세히 관찰하고 있다.

*peer : (확인하기 위해) 뚫어지게 보다, 응시하다.

(3) The old man is <u>looking through a window to see outside</u>. 나이 든 남자는 창문으로 밖을 바라보고 있다.

(4) The tall and lean man is <u>having a phone conversation while writing something on a notebook</u>. 키가 큰 남자는 공책에 무언가를 적으로 통화하고 있다.

*lean : 마른

●기능문 쓰기

기능(function)문 : 초대하기, 사과하기, 제안하기 등의 글쓰기

NEAT 3급 기능문 쓰기 유형 문제로는 사과하기, 제안하기 등의 이메일 쓰기, 일기쓰기, 초대장 쓰기 등의 다양한 형태의 기능문이 출제된다.

문제 1: 다음은 상혁(Sanghyuk)이가 다녀온 여행에 대해 친구들에게 알리는 이메일 이다. 다음에 주어진 세 가지 정보를 포함하여 글을 쓰시오. (40-50단어)

[when] last week
[where] Bangkok, Thailand
[what] delicious food, shopping, massage

수미에게

네가 방학을 멋지게 보내고 있다니 기뻐. 내가 지난주에 태국 방콕으로 여행 간 이야기를 해줄게. 정말 근사했어! 쇼핑을 많이 했고, 심지어 마사지도 받았어. 음식도 정말 맛있었어. 나는 그 여행을 절대 잊지 못할 거야.

행복을 빌며,

상혁

Dear Sumi,

I am happy to hear that you are having a great vacation. Let me tell you about my trip to Bangkok in Thailand last week. It was fantastic! I did lots of shopping and even had a massage. The food was also absolutely delicious. I will never forget the trip.

Best wishes,

Sanghyuk

문제 2: 다음은 민수(Minsu)가 오늘 학교에서 있었던 일에 대해 기록한 일기이다. 다음에 주어진 세 가지 정보를 포함하여 글을 쓰시오. (40-50단어)

　　[action] read my textbook before my class
　　[effect] to be prepared for class
　　[feeling] realized the importance of preparation

Today I read the textbook during the break time before class. I did so to be prepared for class. Surprisingly, this made me realize that preparing for classes is really important. I decided to read my books beforehand for every class from now on.

*beforehand: 사전에, from now on: 지금부터

● 그림 묘사 및 추론

문제 : 다음 그림 (1), (2), (3)은 순서대로 일어난 일이다. 그림 (1)과 (2)에 나타난

상황을 각각 묘사하고, 이에 따른 그림 (3)의 내용을 추론하여 쓰시오. (40-50단어)

(1) On a rainy day, a girl was on her way to the school.

(2) Near the main gate of the school, she accidently walked through a big puddle of water.

(3) So, she went straight to the school's restroom to wash her shoes and socks.

Quiz 1 NEAT 3급 영어 쓰기 시험의 문항 유형 네 가지를 나열 하시오.
: 상황에 맞는 글쓰기, 그림 세부 묘사 완성, 기능문 쓰기, 그림 묘사 및 추론

3강 NEAT 글쓰기 2

■ **학습목표**
NEAT 2급 시험을 위한 영어 쓰기를 연습한다.

● NEAT 쓰기 시험 2급

1. 일상 생활에 관한 글쓰기 (15분)
2. 자기 의견 쓰기 (20분)

2급 영어 쓰기 영역 글의 소재 비율
기초학술 50% + 실용 50%

● 일상생활에 관한 글쓰기

문제 1 : 선생님에게 들은 칭찬 중 가장 기억에 남는 것을 떠올려보고, 그 기억에 대해 다음 내용을 포함하여 쓰시오. (60-80단어)
- the most memorable compliment you received from a teacher
- the name of the teacher who gave you this compliment
- the reason why you remember this compliment

언젠가 선생님께서 굉장히 감동적인 칭찬을 해주셨습니다. 선생님께서 하신 말씀을 정확하게 기억하는데, "너는 굉장한 잠재력을 갖고 있어"라고 하셨습니다. 오래전 일임에도 불구하고, 저는 아직 선생님의 성함을 기억하고 있습니다. 바로 Jones 선생님이십니다. 제가 지금까지 이 칭찬을 기억하는 이유는 그 칭찬이 제가 항상 최선을 다하도록 자신감을 주기 때문입니다. 제 자신에 대한 확신이 서지 않을 때, Jones 선생님의 칭찬을 생각하면 자부심을 갖게 됩니다.

One time my teacher gave me a very touching compliment. I remember his exact words. He said, "You've got great potential." Even though it was a long time ago, I still remember his name, too. It was Mr. Jones. I still remember this compliment today because it encourages me to always do my best. When I doubt myself, thinking about the compliment from Mr. Jones makes me feel proud.

문제 2: 가장 고치고 싶은 자신의 습관을 떠올려 보고, 그 습관에 대해 다음 내용을 포함하여 쓰시오. (60-80단어)
- what the habit is
- how long you have had it
- why you want to change it

저는 수면 패턴을 고치고 싶습니다. 저는 고등학교에 다닐 때부터 올빼미형 인간이 되어 밤에 아주 늦게 자게 되었습니다. 이 습관 탓에 늦잠을 자게 되고 지각을 하게 됩니다. 선생님께서는 제가 게으르다고 여기시고, 어머니께서는 제가 아침 식사를 거의 먹지 못하니 건강을 염려하십니다. 선생님께도 다시 좋은 인상을 드리려면 수면패턴을 바꿔야 할 듯합니다. 더욱 문제되는 점은 아침 식사를 거르기에 기운이 없다는 것입니다.

I want to change my sleeping pattern. Since high school, I have become a night person and go to bed very late. This causes me to oversleep and be late for school. My teacher thinks I am lazy and my mother worried about my health because I rarely eat breakfast. I think I should change my sleeping pattern to make a better impression on my teacher. More importantly, without breakfast I do not have enough in the morning.

● 자기 의견 쓰기

문제 : 스마트폰 사용의 장점이 정리된 다음 표를 참고하여 자신의 입장을 정해 서론을 쓰고 한 가지 이유를 추가하여 세 가지 이유를 모두 논한 후, 결론을 쓰시오. (80-120단어)

[Advantages]
can use the internet anywhere/take pictures with the camera

[Disadvantages]
distracting/identity theft

*distracting 집중하지 못하는, 정신을 딴 곳으로 돌리는
 identity theft 신원정보 분실

[Advantages] can use the internet anywhere
              take pictures with the camera

제 생각에는 일반 휴대전화보다 스마트폰에 장점이 더 많다고 생각합니다. 무엇보다 스마트폰이 있으면 언제 어디서나 인터넷을 이용할 수 있습니다. 이것은 항상 바쁜 사람들에게 매우 편리합니다. 다음으로 스마트폰은 내장 카메라가 있기 때문에 아주 간편하게 사진을 찍을 수 있습니다. 스마트폰만 있으면 따로 카메라가 필요 없습니다! 마지막으로 스마트폰으로 유용한 애플리케이션과 재미있는 게임을 할 수 있다는 것은 잘 알려져 있습니다. 또한, 버스를 기다릴 때 게임을 하면 시간 가는 줄 모릅니다. 이런 이유로 스마트폰은 사용자들에게 이점을 많이 준다고 생각합니다.

In my opinion, I think that smart phones have many advantages over normal cell phones. First of all, with a smart phone you can use the internet anywhere, anytime. This is very convenient for people who are always busy. Next, since smart phones have built-in cameras, you can take pictures very easily. If you have a smart phone, you don't need another camera! Finally, smart phones are well-known for their useful applications and fun games. Applications can help you find out bus schedules, directions home, or the definition of a word. Also, games can be very entertaining when you are waiting on the bus. For these reasons, I think smart phones offer many advantages for users.

In my opinion, I think that smart phones have many advantages over normal cell phones. First of all, with a smart phone you can use the internet anywhere, anytime.

This is very convenient for people who are always busy. Next, since smart phones have built-in cameras, you can take pictures very easily. If you have a smart phone, you don't need another camera! Finally, smart phones are well-known for their useful applications and fun games. Applications can help you find out bus schedules, directions home, or the definition of a word. Also, games can be very entertaining when you are waiting on the bus. For these reasons, I think smart phones offer many advantages for users.

[Disadvantages] distracting
identity theft

스마트폰은 일반 휴대전화에 비해 단점이 많은 것 같습니다. 먼저, 스마트폰에는 사람들이 일에 집중하지 못하게 하는 게임이 많이 있습니다. 게임을 너무 많이 하면 쉽게 중독이 되어버릴 것입니다. 둘째, 일부 사람들은 스마트폰을 이용하여 은행계좌를 이용하는데, 만약 전화기를 분실하게 되면 신원 정보와 돈을 잃게 될 수도 있습니다. 무엇보다, 저는 스마트폰은 보통 사람이 사기에 너무 비싸다고 생각합니다. 이런 단점들 때문에 스마트폰 구입을 권하고 싶지 않습니다.

In my opinion, I think that smart phones have many disadvantages compared to normal cell phones. First, smart phones have many games that distract people from their work. If you play games too much, you could become addicted easily. Second, since some people use smart phones to access their bank account, they could lose their identity or money if they lose their phones. Most of all, I think that smart phones cost too much money for regular people to buy. With these disadvantages in mind, I would not recommend you to buy a smart phone.

● 문법과 영작 – To 부정사

■ 관용어구

To make matters worse 설상가상으로
To begin with 우선

To be honest with you 솔직히 말해서

Question ─────────────

다음 두 문장을 해석하시오.

I promised Jane to marry him.

I persuaded Jane to marry him.

정답 : 1. 나는 Jane에게 내가 그와 결혼할 거라고 약속했다.
    2. 나는 Jane이 그와 결혼하도록 Jane을 설득했다.

Quiz 1 <설상 가상으로>를 영작하시오.
   : To make matters worse

UNIT
언·어·능·력·쓰·기·시·험·대·비 - TOEIC

1강 TOEIC 시험 유형과 전략
2강 TOEIC 글쓰기 1
3강 TOEIC 글쓰기 2

1강 TOEIC 시험 유형과 전략

■ 학습목표
TOEIC Writing 시험의 문제 유형을 파악하고, 유형별 전략을 수립한다.

Today's Saying 영작하기

성공을 얻기 위한 세 가지
1. 다른 사람보다 더 많이 알 것
2. 다른 사람보다 더 열심히 일할 것
3. 다른 사람보다 기대를 더 적게 할 것

- William Shakespeare -

KOR	성공을 위한 세 문장
ENG	Three sentences for getting success

KOR	1. 다른 사람보다 더 많이 알 것
ENG	1. know more than other

KOR	2. 다른 사람보다 더 열심히 일할 것
ENG	2. work more than other

KOR	3. 다른 사람보다 기대를 더 적게 할 것
ENG	3. expect less than other

문법(Grammar) : 형용사 · 부사의 원급 - 비교급 - 최상급

- more than : ~ 이상, ~ 보다 더 많은

  many/much – more – most

- less than : ~ 이하, ~보다 더 적은

  little – less – least

- good – better - best

  bad – worse - worst

성공을 얻기 위한 세 가지
1. 다른 사람보다 더 많이 알 것
2. 다른 사람보다 더 열심히 일할 것
3. 다른 사람보다 기대를 더 적게 할 것
→ Three sentences for getting success
1. know more than other
2. work more than other
3. expect less than other
- William Shakespeare -

다른 사람과 똑같이 해서는 성공할 수 없다.
다른 사람보다 더 열심히 공부해서 더 많이 알아야 하고, 그만큼 더 열심히 노력해야 한다.
그러나 기대를 많이 하면 스스로 실망하기 때문에 먼저 마음 비우는 연습부터 해야 한다.

● TOEIC Writing test 유형과 전략

1. TOEIC Writing test 소개
2. 문제 유형과 시험의 구성
3. 평가 기준과 전략

● TOEIC Writing Text

TOEIC 시험은 ETS라는 미국의 비영리 재단 법인에서 개발한 공공 어학 시험으로 한국에서는 <한국 TOEIC 위원회>에서 시험을 주관한다.

TOEIC 시험의 종류에는 듣기와 읽기 영역(receptive skill)을 측정하는 시험과 말하기와 쓰기 영역(productive skill)을 측정하는 시험이 있다.

● TOEIC Writing Test 구성

구분	문제 유형	문항 수	시간
Type 1	사진에 근거한 문장 쓰기	5	8
Type 2	이메일 답장 쓰기	2	20
Type 3	의견 쓰기	1	30

● **측정 능력**

1. 적절한 어휘를 사용하여 문장을 작성할 수 있다.
2. 올바른 문법 사용을 사용하여 문장을 작성 할 수 있다.
3. 간단한 정보, 질문, 지시, 이야기 등을 전달하기 위한 다양한 문장을 작성할 수 있다.
4. 복잡한 생각을 표현 시, 상황에 맞는 이유, 근거, 설명 등을 들어 긴 글을 작성 할 수 있다.

● TOEIC Writing Test 평가 기준

구분	평가 기준
Questions 1-5	사진에 근거한 문장 만들기 문법, 문장과 사진의 관련성
Questions 6-7	이메일 답변 작성하기 문장 수준과 다양성, 어휘, 전체 구성
Question 8	의견 쓰기 의견을 적합한 이유와 실례를 들어 제시했는지 여부 문법, 어휘, 전체 구성

NEAT 1급 쓰기 영역(3문항)

Part 1 - 이메일 쓰기

Part 2 - 묘사하기(그림, 도표, 정보를 활용해 내용을 묘사 또는 설명)

Part 3 - 에세이 작성(질문을 듣고 관련 주제 쓰기 Listen and Write)

● TOEIC Writing Test Direction

Question	Task	Evaluation Criteria
1-5	Write a sentence based on a picture	- Grammar - Relevance of the sentences to the pictures
6-7	Respond to a written request	- Quality and variety of your sentences - Vocabulary, Organization
8	Write an opinion essay	- Whether your opinion is supported with reasons and/or examples - Grammar - Vocabulary, Organization

출처 http://exam.ybmsisa.com/toeicswt

Quiz 1 TOEIC Writing 시험의 문제 유형 세 가지를 쓰시오.
: 사진에 근거한 문장 쓰기, 이메일 답장 쓰기, 의견 쓰기

2강 TOEIC 글쓰기 1

■ 학습목표
TOEIC Writing Test 문제 유형별 영어 쓰기를 할 수 있다.

● TOEIC Writing TEST

1. 사진에 근거한 문장 쓰기 (1-5)
2. 이메일 답장쓰기 (6-7)
3. 의견기술하기(8)

1. 사진에 근거한 문장 쓰기 (1-5)

Questions 1-5 : Write a sentence based on the picture
1. 평가 기준 : 문법, 문장과 사진의 관련성
2. 시험 전략 : 주어진 두 단어나 구를 반드시 사용, 사진에 근거한 문장, 문법

Directions:

In this part of the test, you will write ONE sentence that is based on a picture. With each picture, you will be given TWO words or phrases that you must use in your sentence. You can change the forms of the words and you can use the words in any order. Your sentences will be scored on the appropriate use of grammar and the relevance of the sentence to the picture. You will have eight minutes to complete this part of the test.

Question 1 ─────────────

제시어 : child church

There is a little **child** at the **church**.

Question 2

제시어 : table petal   *petal : 꽃잎

There are pink and red **petals** on the **table**.

그림세부묘사 완성하기(NEAT 3급)

Question 아래의 글은 연구실에 있는 사람들의 행동을 묘사한 것이다. 다음 그림을 보고 (1)~(4)의 빈칸에 각각 10개 이내의 단어를 사용하여 문장을 완성하시오.

There are several people in the laboratory.
(1) The young man is _____.
(2) The young woman is _____.
(3) The old man is _____.
(4) The tall and lean man is _____.

출처 : EBSe

There are several people in the laboratory.

(1) The young man is holding up a laboratory mouse to check its health.

(2) The young woman is peering very carefully through a microscope.

(3) The old man is looking through a window to see outside.

(4) The tall and lean man is having a phone conversation while writing something on a notebook.

이메일 답장쓰기 (6-7)

Questions 6-7 : Respond to written request
1. 평가 기준 : 다양한 문장의 사용과 수준, 어휘와 전체 구성

2. 시험 전략 : 요구하는 과제를 모두 수행, 수신인에게 적절한 어조
   이메일 형식 : 인사말 - 본문 - 마무리 표현

Directions:

In this part of the test, you will show how well you can write a response to an e-mail. Your response will be scored on the quality and variety of your sentences, vocabulary, and organization. You will have ten minutes to read and answer each e-mail.

첫인사
Dear Sir / Madam
To whom it may concern
Dear Name
본문
………
마무리
Sincerely yours,
Cordially,
Regard,
Best wishes,
NAME

Business E-mail
본문
이메일의 서두

    I am sending this e-mail to ~

    I am writing to you on behalf of ~

    We are writing to you regarding ~

2. 인사말

   Thank you for your e-mail.

   I am sorry I did not write you sooner.

   It was great pleasure to ~

3. 제안하기 표현

   I suggest that ~

   Why don't you ~

4. 정보제공

   I would like to give you the information you asked before.

   I am pleased to inform you that ~

5. 질문하기

   I am writing to ask you ~

   Could you tell me which train we are supposed to use for the trip to ~

6. 본문 끝맺음

   I look forward to discussing the sales promotion with you.

   Don't hesitate to contact us again if you need further information.

   Please let me know your decision ASAP.

이메일 답장 쓰기

Question!

Read the e-mail below and write an e-mail respond to the information. Respond as if you want to visit a new restaurant in your neighborhood. In your e-mail to the restaurant, make at least TWO requests for information.

FROM: KC restaurant
TO: KC City Residents
SUBJECT: Welcome to a new restaurant!
SENT: September 25, 9:12 A.M.

Welcome! We would like to let you know the popularity of our lunch menu. And we are also developing a new set menu. Please let us know what you want to eat for a set menu, when you eat and so on.

Welcome! We would like to let you know the popularity of our lunch menu. And we are also developing a new set menu. Please let us know what you want to eat for a set menu, when you eat and so on.

Dear Sir or Madam,

I have just known your restaurant. I heard the delicious lunch from my friends. Since I want to be a regular customer I may have to ask you for your request of a new set menu. First, I want to eat spaghetti and pizza for a lunch set. Second, I want rice, side dishes and type of soup. Finally, I eat lunch from 12 to 1 and dinner from 6 to 7 every weekday. I look forward to trying your menus in the near future. Thank you.

Yours,

Jane Choi

Quiz 1 TOEIC Writing Test에서 이메일 답장 쓰기의 평가 기준은?
: 다양한 문장의 사용과 수준, 어휘와 전체 구성

Question 8 : Write an opinion essay

① ▶▶ 평가 기준 : 의견에 대해 논리적 근거를 적절히 제시하고 주장을 잘 뒷받침
했는가 여부, 문법, 어휘, 전체 구성
② ▶▶ 시험 전략 : 300 단어, 시험 시간 안배, 쓰기 전 활동

Directions:

In this part of the test, you will write an essay in response to a question that asks you to state, explain, and support your opinion on an issue. Typically, an effective essay will contain a minimum of 300 words. Your response will be scored on whether your opinion is supported with reasons and/or examples, grammar, vocabulary, and organization. You will have 30 minutes to plan, write, and revise your essay.

3강 TOEIC 글쓰기 2

■ 학습목표
TOEIC Writing Test 의견 기술하기를 연습한다.

● TOEIC Writing TEST 2

의견 기술하기 - 쓰기 전 활동

쓰기 전 단계 활동의 종류

1. Brainstorming
2. Clustering
3. Strategic questioning
4. Sketching
5. Free-writing

장문 쓰기를 위한 구도잡기(Sketching)

1. 문제의 분석 - 전개 방법 결정
2. 서론 - 본론 - 결론 구도 잡기
3. 세부적인 아이디어를 생각하여(Brainstorming) 적절한 곳에 배치(Clustering)

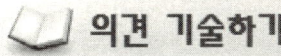
의견 기술하기

서론	1. Introductory sentence 2. Topic 소개, 개괄적인 진술
본론	1. 주제문(main idea) + 근거(supporting detail) 2. 주제문(main idea) + 근거(supporting detail)
결론	1. 본론을 종합하여 요약과 정리 2. 맺음말로 마무리

서론 표현

- In my opinion, ~
- It is clear that ~
- Nowadays, there are many ways to~
- Generally speaking ~
- I firmly believe that ~

결론 표현

- In conclusion, ~
- In short, ~
- To sum up, ~
- As a result, ~
- For these reasons, I think ~

Question

In your opinion, what is the most important qualities which English teachers should have? Why? Give reasons and examples to support your opinion.

서론	점점 국제화 시대가 되어 감에 따라 영어 교사가 반드시 갖춰야 할 자질들에 대한 연구가 증가하고 있다.
본론	1. 학생을 사랑하는 마음 2. 전문가적인 지식 3. 효과적 교수 방법
결론	영어교사는 무엇보다도 학생을 사랑하고, 전문가로서 충분한 지식을 갖춘 후 이를 효과적으로 학생들에게 전달할 수 있는 노하우가 있어야 한다.

■ 장문 쓰기를 위한 구도잡기(Sketching)

문제의 분석 – 전개 방법 결정
서론 – 본론 – 결론 구도 잡기
세부적인 아이디어를 생각하여(Brainstorming) 적절한 곳에 배치(Clustering)

서론
Introductory sentence
Topic 소개, 개괄적인 진술
본론
주제문(main idea) + 근거(supporting detail)
주제문(main idea) + 근거(supporting detail)
결론
본론을 종합하여 요약과 정리
맺음말로 마무리

서론표현

- In my opinion, ~

- It is clear that ~

- Nowadays, there are many ways to~

- Generally speaking ~

- I firmly believe that ~

결론표현

- In conclusion, ~

- In short, ~

- To sum up, ~

- As a result, ~

● NEAT 2급 자기의견쓰기

Question!

스마트폰 사용의 장단점이 정리된 다음 표를 참고하여 자신의 입장을 정해 서론을 쓰고 한 가지 이유를 추가하여 세 가지 이유를 모두 논한 후, 결론을 쓰시오. (80~120단어)

Advantages	can use the internet anywhere/take pictures with the camera
Disadvantages	distracting/identity theft

※ distracting 집중하지 못하는, 정신을 딴 곳으로 돌리는
※ identity theft 신원정보 분실

■ 자기의견쓰기 - Advantage

In my opinion, I think that smart phones have many advantages over normal cell phones. First of all, with a smart phone you can use the internet anywhere, anytime.

This is very convenient for people who are always busy. Next, since smart phones have built-in cameras, you can take pictures very easily. If you have a smart phone, you don't need another camera! Finally, smart phones are well-known for their useful applications and fun games. Applications can help you find out bus schedules, directions home, or the definition of a word. Also, games can be very entertaining when you are waiting on the bus. For these reasons, I think smart phones offer many advantages for users.

● 문법과 영작- 분사구문

절 → 구

1. 접속사 삭제 (접속사의 의미가 혼동될 경우 남겨 놓을 수 있다)
2. 주어 삭제 (주절의 주어와 동일할 경우)
3. 동사원형 + ing (동사의 시제가 일치하는 경우)

Question!

다음 두 문장을 분사구문으로 바꾸시오.

1. As I felt very tired, I stayed at home during last weekend.

2. As I do not have enough money, I can not buy a new car.

정답 : 1. Feeling very tired, I stayed at home during last weekend.
       2. Not having enough money, I can not buy a new car.

Quiz 1 TOEIC Writing Test에서 의견 쓰기의 평가 기준은?
: 의견에 대해 논리적 근거를 적절히 제시하고, 주장을 뒷받침 했는가

자 • 유 • 로 • 운 • 글 • 쓰 • 기 UNIT

1강 주제문 쓰기 1
2강 주제문 쓰기 2
3강 가정법 글쓰기 연습

1강   주제문 쓰기 1 (이명애, 2012)

■ 학습목표

주제문 쓰기를 연습한다.

Today's Saying 영작하기

만일 당신이 눈에 보이는 사람을 사랑할 수 없다면,
어떻게 보이지 않는 신을 사랑할 수 있겠는가.

- Mother Teresa -

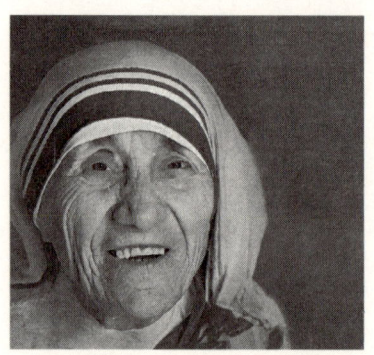

KOR 만일 당신이 ~한 사람을 사랑할 수 없다면
ENG If you can not love the person

KOR 당신이 볼 수 있는 (사람을)
ENG whom you see,

KOR 어떻게 신을 사랑할 수 있겠는가
ENG how can you love God,

KOR	당신이 볼 수 없는 (신을)
ENG	whom we can not see.

문법(Grammar) : 관계대명사

선행사(명사)	주격	소유격	목적격
사람	who	whose	whom
사물	which	whose	which
사람+사물	that	-	that
사물(선행사 포함)	what	-	what

❛ 만일 당신이 눈에 보이는 사람을 사랑할 수 없다면, ❜
어떻게 보이지 않는 신을 사랑할 수 있겠는가.

→ If you can not love the person whom you see,
how can you love God, whom we can not see.

- Mother Teresa -

Teresa 수녀는 1950년 인도에 사랑의 선교회를 설립하고 45년간 가난한 사람과 고아, 병든 사람들을 위해 헌신했다.

1970년대 인도주의자로 세계에 알려졌고, 1979년 노벨 평화상을 수상했다.

"저는 우리 가난한 사람들을 위해 정빈을 선택합니다. 그러나 배고프고 벌거벗고 집이 없으며 신체에 장애가 있어 사회로부터 돌봄을 받지 못하고 거부당하며 사랑 받지 못하며 사회에 짐이 되고 모든 이들이 외면하는 사람들의 이름으로 이 상을 기쁘게 받습니다."

● 자유로운 글쓰기 - 주제문 쓰기

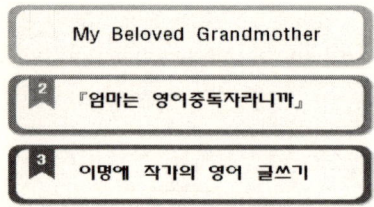

● My Beloved Grandmother (이명애, 2013)

도입부 쓰기

내 맘속에 위대한 존재였던 할머니께서 며칠 전에 돌아가셨다. 심지어 엄마가 내 옆에 있을 때에도 나는 할머니와 더 많은 시간을 보냈다. 할머니께서는 아픈 엄마 대신에 나를 키우셨고 그녀의 자리를 채우셨다.

할머니는 슬하에 세 명의 아들과 세 명의 딸을 두셨다. 나의 아버지는 그녀의 맏아들이었고 그녀 삶의 어려움에 직면하는 대부분을 그에게 의지하면서 그녀는 그를 가장 사랑했다. 왜 나의 아버지가 어린 나이에도 불구하고 그의 아버지 대신에 그의 동생들을 키우는 일을 돕는 것이 그의 의무라고 생각하였는지가 의문이었다.

내 마음 속에서 한때 위대한 존재였던 할머니가 며칠 전에 돌아가셨다.
My grandmother, who was once a great presence in my mind, passed away a few days ago.

심지어 엄마가 내 옆에 있을 때에도 나는 할머니와 더 많은 시간을 보냈다.
Even when my mother was still with us, I spent more time with her than with my mother.

할머니는 아픈 엄마 대신에 나를 키우셨고 그녀의 자리를 채우셨다.
My grandmother, instead of my sick mother, took care of me and took her place.

할머니는 슬하에 세 명의 아들과 세 명의 딸을 두셨다.
She had three sons and three daughters at her side.

나의 아버지는 그녀의 맏아들 이셨고, 그녀 삶의 어려움에 직면하는 대부분을 그에게 의지하면서 그녀는 그를 가장 사랑했다.

My father was the oldest of them, and she loved him the most, relying on him for most of the troubles facing her in life.

왜 나의 아버지가 어린 나이에도 불구하고 그의 아버지 대신에 그의 동생들을 키우는 일을 돕는 것이 그의 의무라고 생각하였는지가 의문이었다.

It was a mystery why my father, in spite of his young age, thought it his duty to help her bring up his younger brothers and sisters on behalf of his father.

My grandmother, who was once a great presence in my mind, passed away a few days ago. Even when my mother was still with us, I spent more time with her than with my mother. My grandmother, instead of my sick mother, took care of me and took her place.

She had three sons and three daughters at her side. My father was the oldest of them, and she loved him the most, relying on him for most of the troubles facing her in life. It was a mystery why my father, in spite of his young age, thought it his duty to help her bring up his younger brothers and sisters on behalf of his father.

Quiz 1 <만일 당신이 눈에 보이는 사람을 사랑할 수 없다면, 어떻게 보이지 않는 신을 사랑할 수 있는가?>를 영작하시오.

: If you can't love the person whom you see, how can you love God, whom we can not wee.

2강   주제문 쓰기 2

■ **학습목표**
주제문 쓰기 중 도입부 쓰기에 이어 본문과 마무리 쓰기를 연습한다.

● My Beloved Grandmother

본문 단락 1

　　그녀는 겨우 14살에 28살 먹은 가난한 남자와 결혼했다. 나는 나의 할머니가 쌀한 가마니를 대가로 그녀의 외할머니가 그녀를 강제로 결혼시켰다고 들었다. 할머니는 힘든 삶과 굶주림에 그런 상황을 받아들여야 했었을 것이다. 내가 그녀와 보낸 시간의 경험으로 판단하건대, 그녀는 매우 부지런하고 긍정적인 사람이었다. 아무리 그녀의 상황이 어려울 지라도 그녀는 쉽게 포기하지도 않았고 어떤 상황하에서도 그녀에게 부과된 일을 가벼이 하지 않았다.

　　　그녀는 겨우 14살에 28살 먹은 가난한 남자와 결혼했다.
　　　She got married to a poor 28 year-old man when she was no more than 14.
　　　나는 나의 할머니가 쌀 한 가마니를 대가로 그녀의 외할머니가 그녀를 강제로 결혼
　　　시켰다고 들었다.
　　　I even heard that my great grandmother had been forced her to marry my grandfather in return for a sack of rice.
　　　할머니는 힘든 삶과 굶주림에 그런 상황을 받아들여야 했었을 것이다.
　　　My grandmother may have accepted the situation to avoid a harsh life and hunger.

　　　그녀는 겨우 14살에 28살 먹은 가난한 남자와 결혼했다.
　　　She got married to a poor 28 year-old man when she was no more

than 14.
나는 나의 할머니가 쌀 한 가마니를 대가로 그녀의 외할머니가 그녀를 강제로 결혼
시켰다고 들었다.
I even heard that my great grandmother had been forced her to marry my grandfather in return for a sack of rice.
할머니는 힘든 삶과 굶주림에 그런 상황을 받아들여야 했었을 것이다.
My grandmother may have accepted the situation to avoid a harsh life and hunger.

내가 그녀와 보낸 시간의 경험으로 판단하건대, 그녀는 매우 부지런하고 긍정적인
사람이었다.
Judging from my experience with her over the years, she was very diligent and positive in character.

아무리 그녀의 상황이 어려울 지라도, 그녀는 쉽게 포기하지도 않았고 어떤 상황하에서도 그녀에게 부과된 일을 가벼이 하지 않았다.
No matter how difficult her life conditions were, she didn't easily give up or make light of the tasks imposed on her under any circumstances.

She got married to a poor, 28 year-old man when she was no more than 14. I even heard that my great grandmother had been forced her to marry my grandfather in return for a sack of rice. My grandmother may have accepted the situation to avoid a harsh life and hunger. Judging from my experience with her over the years, she was very diligent and positive in character. No matter how difficult her life conditions were, she didn't easily give up or make light of the tasks imposed on her under any circumstances.

본문 단락 2

그녀 나이 40에 마침내 그녀는 마을에서 부유한 사람 중에 한 명이 되었다. 그녀는 스스로 한글과 셈하기를 깨우쳤다. 내 기억에 그녀는 내가 아는 누구보다도
노래를 잘 했다. 그녀는 또한 나와 함께 노래 부르기도 좋아하셨다. 내가 어릴 때
그녀가 좋아하는 노래가사를 적어주기도 했다. 그녀가 노래를 잘하시기 때문에 그 재능이 우리 가족에게도 전해진 것처럼 보인다. 돋보기로 내가 적어준 가사들을 읽으면서 내가 확신하건대 그녀는 많은 시간 동안 그녀를 둘러싼 고통들을 잊는 것 같았다.

그녀 나이 40에 마침내 그녀는 마을에서 부유한 사람 중에 한 명이 되었다.
At 40, at last she became one of the richest people in the village.
그녀는 스스로 한글과 셈하기를 깨우쳤다.
Then she started to teach herself the Korean alphabet and arithmetic.
내 기억에 그녀는 내가 아는 누구보다도 노래를 잘 했다.
In my memory, she was the best singer I ever knew.
그녀는 또한 나와 함께 노래 부르기도 좋아하셨다.
She loved to sing with me,
내가 어릴 때 그녀가 좋아하는 노래가사를 적어주기도 했다.
So, I, a little girl, would write her the verses of her favorite songs.
그녀가 노래를 잘하시기 때문에 그 재능이 우리 가족에게도 전해진 것처럼 보인다.
The aptitude for singing seemed to run in her family, because my mother was a good singer, too.

돋보기로 내가 적어준 가사들을 읽으면서, 내가 확신하건대, 그녀는 많은 시간 동안

그녀를 둘러싼 고통들을 잊는 것 같았다.
Reading them through her convex glasses, she, I'm sure, would forget the many pains surrounding her for a long while.

At 40, at last she became one of the richest people in the village. Then she started to teach herself the Korean alphabet and arithmetic. In my memory, she was the best singer I ever knew. She loved to sing with me, so I, a little girl, would write her the verses of her favorite songs. The aptitude for singing seemed to run in her family, because my mother was a good singer, too. Reading them through her convex glasses, she, I'm sure, would forget the many pains surrounding her for a long while.

본문 단락 3

내 아버지에 대한 할머니의 사랑은 말이 필요 없었다. 홀아비인 그의 아들을 걱정하지 않는 날이 하루도 없었다. 그럼에도 불구하고 그녀가 그녀의 아들보다 더 오랜 삶이 지속될 것을 염려했다. 그녀는 마지막 순간까지도 그녀의 다른 아들 집에 가는 것을 원하지 않았다. 나에 아버지는 심지어 이렇게 고백했다. 어린 시절부터 지금까지 그는 맏아들로서의 위치와 의무 때문에 그가 그의 어머니의 바램을 저버리는 것이 불가능했다.

내 아버지에 대한 할머니의 사랑은 말이 필요 없었다.
My grandmother's love for my father is beyond words.

홀아비인 그의 아들을 걱정하지 않는 날이 하루도 없었다.
Not a day has passed without worrying about her son, a widower.

그럼에도 불구하고 그녀가 그녀의 아들보다 더 오랜 삶이 지속될 것을 염려했다.
Nonetheless, she was afraid that her prolonged life would outlast her oldest son.

그녀는 마지막 순간까지도 그녀의 다른 아들 집에 가는 것을 원하지 않았다.
She didn't want to go to her other son's house until her last moment.
나에 아버지는 심지어 이렇게 고백했다.
My father even confessed that ~

어린 시절부터 지금까지 그는 맏아들로서의 위치와 의무 때문에 그가 그의 어머니의 바램을 저버리는 것이 불가능했다.
It was impossible for him to disobey his mother's wish because of his position and duty as the oldest son from his early life until now.

······중략

My grandmother's love for my father is beyond words. Not a day has passed without worrying about her son, a widower. Nonetheless, she was afraid that her prolonged life would outlast her oldest son. She didn't want to go to her other son's house until her last moment. My father even confessed that it was impossible for him to disobey his mother's wish because of his position and duty as the oldest son from his early life until now.

마무리 쓰기

그녀의 소지품이 빗속에서 하나씩 하나씩 태워지는 것을 보면서 나는 타고 있는 옷에서 그녀의 온기를 느낄 수 있었다. 나는 그녀 옷 주머니에 있는 내 번호와 내 주소가 아이글씨처럼 적힌 수첩 하나를 발견했다. 할머니는 오랫동안 그것을 할머니의 보물 제 1호로 간직해왔다.
할머니의 이미지가 내 머리 속 사진에 올 때마다 내 눈은 쉴새 없이 눈물로 가득 찼다. 심한 빗속에서 나는 할머니를 내 마음 속 깊이 묻었지만 그녀의 부드러운 목소리는 아직 오늘도 생생하다.

그녀의 소지품이 빗속에서 하나씩 하나씩 태워지는 것을 보면서, 나는 타고 있는 옷에서 그녀의 온기를 느낄 수 있었다.

Seeing her belongings burnt one by one in the rain, I could still feel her warmth from the burning clothes.

나는 그녀 옷 주머니에 있는 내 번호와 내 주소가 아이글씨처럼 적힌 수첩 하나를 발견했다.

I found a notebook in the pocket of her clothes, where my phone number and address were written like a child's handwriting.

할머니는 오랫동안 그것을 할머니의 보물 제 1호로 간직해왔다.

She had long cherished it as her No. 1 treasure.

할머니의 이미지가 내 머리 속 사진에 올 때마다, 내 눈은 쉴새 없이 눈물로 가득 찼다.

Whenever her image comes on my mental screen, my eyes fill with tears in no time.

심한 빗속에서 나는 할머니를 내 마음 속 깊이 묻었지만 그녀의 부드러운 목소리는 아직 오늘도 생생하다.

In the heavy rain, I buried my grandmother in the depth of my mind, but her sweet voice still lives on even today.

Seeing her belongings being burnt one by one in the rain, I could still feel her warmth from the burning clothes. I found a notebook in the pocket of her clothes, where my phone number and address were written like a child's handwriting. She had long cherished it as her No. 1 treasure. Whenever her image comes on my mental screen, my eyes fill with tears in no time. In the heavy rain, I buried my grandmother in the depth of my mind, but her sweet voice still lives on even today.

Quiz 1 <그녀는 나와 함께 노래부르기를 좋아했다>를 영작하시오.
: She loved to sing with me.

3강 가정법 글쓰기 연습

■ 학습목표
영어의 문장을 가정법을 활용해 표현할 수 있다.

● 가정법과 영어회화

1. 가정법과 직설법

2. 가정법 과거와 과거완료

3. 영화 속 가정법 표현

1. 가정법과 직설법

■ Mood (분위기)

1. 직설법 : 있는 사실을 그대로 전달하는 방식

   As I am not a bird, I can not fly to you.

2. 가정법(Subjunctive mood) : 내포된 의도를 우회적으로 표현하는 방법

   If I were a bird, I could fly to you.

3. 명령법 : 상대에게 시키는 방법.
Do not go.

■ I wish 가정법

1. 직설법

I wish for N ~

I wish to V ~

I wish to be a good teacher.

2. 가정법

I wish that S V ~

I wish that I studied hard.

I wish that I had met her earlier.

■ 가정법과거

현재 사실의 반대

가정법(if절에서) 과거(동사의 형태가 과거)	주절은 과거형 조동사
If + S + V-ed(were) ~	S + would(should, could, might) +V
만일 -라면	-할 텐데

If I were rich, I could buy a house.

If I knew her address, I would tell you.

If I were a bird, I could fly to you.
　　S　V

→ Were I a bird, I could fly to you.
　　V　S

　(If 생략, 주어 동사 도치)

가정법 과거완료

과거 사실의 반대

가정법(if절에서) 과거완료(had+pp)	주절은 과거형 조동사+완료(have+pp)
If + S + had + pp	S + would(should, could, might) + have pp
만일 -했더라면	-했을 텐데

If we had gone by taxi, we would have saved time.

If he had not fallen in love, he might have passed the exam.

→ Had he not fallen in love, he might have passed the exam.
  (If 생략, 주어 동사 도치)

■ 혼합 가정법

과거에 ~ 했다면, 현재 ~ 할 텐데…

If절 : 가정법 과거완료	주절 : 가정법 과거
가정법(if절에서) 과거완료(had+pp)	주절은 과거형 동사
If + S + had pp	S + would(should, could, might) + V
만일 -했더라면	-할 텐데

If you had studied hard then, you could pass the test now.
If he had taken the doctor's advice last year, he might still be alive now.
If he had not bought the expensive car then,
he would have a lot of money now.

■ 영화 속 가정법 You've Got Mail(1998)

I would send you a bouquet of newly-sharpened pencils if I knew your name and address.

If I hadn't been Foxbooks and you hadn't been The Shop Around the Corner and we'd just met…

I would have asked for your phone number and

I wouldn't have been able to wait 24 hours before calling and asking,

"How about coffee, drinks, dinner, a movie?"

And then we would never have been at war.

● 문법과 영작 - 가정법

Question!

다음 문장의 빈칸에 적절한 동사의 형태를 쓰시오.

1. Had he not fallen in love, he might _____ the exam.

2. If I _____ rich, I could buy a house.

3. What would _____ if I hadn't smelled gas?

4. If you _____ here, we would have more time to talk.

5. If you had studied hard then, you _____ the test now.

정답 : 1. have passed 2. were 3. have happened
       4. came   5. could

Quiz 1 영어의 가정법 과거완료의 공식을 쓰시오.

: If + S + had pp, S + would(might, could...)have pp ~

UNIT 형·식·적·인·글·쓰·기

1강 영어 논문 쓰기 1
2강 영어 논문 쓰기 2
3강 복문 쓰기 연습 - 쓰기 교정 연습

1강 영어 논문 쓰기 1

■ 학습목표
영어 논문의 개요를 구상할 수 있다.

Today's Saying 영작하기

● 설명하느라 당신의 시간을 낭비하지 말아라, ●
사람들은 오직 그들이 듣고 싶은 것만 듣는다.

- Paulo Coelho -

KOR	설명하느라 당신의 시간을 낭비하지 말아라,
ENG	Don't waste your time with explanations,

KOR	사람들은 오직 그들이 듣고 싶은 것만 듣는다.
ENG	people only hear what they want to hear.

문법(Grammar) - 부정 명령문

- Don't + V : -하지 말아라.

Don't be late. 늦지 말아라.
Don't waste your time. 너의 시간을 낭비하지 말아라.

🌑 설명하느라 당신의 시간을 낭비하지 말아라, 🌑
사람들은 오직 그들이 듣고 싶은 것만 듣는다.
→ Don't waste your time with explanations,
people only hear what they want to hear.

- Paulo Coelho -

사람은 자신이 보고 싶은 것만 보고, 듣고 싶은 것만 듣는다.
배우고 익히면 자신이 보지 못한 것을 보게 되고, 듣지 못한 것을 듣게 된다.
세상은 아는 만큼 보이고 들리는 것이다.
상대의 학의 깊이에 따라 알아 들을 수 있는지 그렇지 못한지 살핀 후
들어줘야 하는 사람인지, 가르쳐도 될 사람인지 구분하여야 효과적인 의사전달을 할 수 있다.
자신의 편향된 시각에서 벗어나 더 넓고 깊게 다각도로 세상을 볼 수 있는 사람이 되자!

● 영어논문쓰기 - 형식적인 글쓰기

1 논문의 개요 구상하기

2 <서론 - 본론 - 결론>

3 논문 심사 평가 기준

● 논문의 개요 구상하기

영어 논문의 형식

Chapter	한글 논문	영어 논문
1장	서론	Introduction
2장	이론적 배경	Review of Literature
3장	연구 방법	Design of the Study
4장	연구 결과	Presentation of Results
5장	논의	Discussion of the Results
6장	결론 및 제언	Conclusions, Suggestions and Recommendations

● 논문구조: 서론 - 본론 - 결론

서론 (Introduction)

▶▶ 연구의 배경, 필요성, 목적 등을 상세히 기술한다.

▶▶ 연구 주제에 대한 현 실태 및 문제점을 포함시킨다.

▶▶ 필요하다면 논문에 사용되는 새로운 용어나 특수 용어의 개념 및 정의를 제시한다.

▶▶ 결과와 결론을 제외한 논문 요약의 확장이다.

제 1 장 서론 (Chapter 1. Introduction)

1.1 General Statement of the Problem

1.2 Purpose of the Study

이론적 배경 (Literature Review)

- 논문 주제와 직접적 관련성이 있는 선행 연구를 선별하여 기술한다.
- 독자에게 관련 분야에 대한 구체적이고 필요한 지식을 제공한다.
- 관련 문헌에 대한 독자의 이해를 돕기 위해 간략한 소개를 한다.
- 자신의 연구와 연결성과 관련성을 논리적으로 기술한다.

제 2 장 이론적 배경 (Chapter 2. Literature Review)

2.1 Personality factors in Foreign Language Learning

2.2 MBTI and English Learning and Teaching

본론 (3장 - 5장)

- 연구 방법 (Design of the Study or Method)
  연구 문제 (Research Questions), 연구 대상 (Subjects) 등
- 연구 결과 (Results)
- 논의 (Discussion)
  독자가 공감할 수 있도록 객관적 및 주관적으로 타당성 있게 해석

제 3 장 연구 방법 (Chapter 3. Design of the Study)

3.1 Subjects(연구대상), Data Collection Instrument(자료 수집 방법 또는 도구)

3.2 Procedures(연구 절차-장소, 기간 등), Method of Data Analysis(양적·질적 연구)

3.3 Limitations(연구의 제한점)

결론 (Conclusions)

▸▸ 논문에서 가장 중요한 부분이다.

▸▸ 서론, 연구방법, 결과 및 논의의 핵심 부분을 간단명료하게 기술한다.

▸▸ 관련 분야에 대한 실제 적용 방안과 문제점 해결 방안을 제시한다.

▸▸ 여러 요인으로 미흡한 부분에 대한 후속 연구의 방향을 제시한다.

제 6 장 결론 (Chapter 6. Conclusions)

6.1 Summary and Interpretation of Research Findings

6.2 Suggestions for Further Research

Quiz 1 <사람들은 오직 그들이 듣고 싶은 것만 듣는다>를 영작하시오.
: People only hear what they want to hear.

2강 영어 논문 쓰기 2

■ 학습목표

실제 영어 논문을 통해 논리적인 글쓰기를 익힌다.

● 영어논문쓰기

> 1. 영어 논문 작성 방법
> 2. 실제 영어 논문 Sample
> 3. 두뇌와 영어학습

● 영어논문작성방법

■ 영어논문쓰기

Title of the Paper

I. INTRODICTION

II. LITERATURE REVIEW

   1.
     1)
       ①

REFERENCES / 참고문헌

APPENDICES / 부록

English Learning Strategies and Blended Learning through MBTI

Young-im Choi (Kyunghee University)

I. INTRODUCTION

Lawrence (1984, p.52) stressed the importance of a teacher's understanding the individual differences of learners in a classroom. English instructors need to change their focus to combine the different teaching styles to effectively adjust all students.

Most people learn and teach differently because their personality types are different. By learning the necessary techniques, teachers will be able to recognize the strengths that their style brings to the teaching process and learn how to communicate with students who have other styles (Fairhurst, 2009).

II. BACKGROUND OF THE STUDY

III. METHODOLOGY

1. Subjects

Source of Energy	
Extraversion (E)	Introversion (I)
External stimulus	Internal stimulus
What is Observed	
Sensing (S)	Intuition (N)
Concrete reality	World of possibilities
Evaluation style	
Thinking (T)	Feeling (F)
Objectivity	Personal values
True/false	Good/bad
Energy Direction and Flow	
Judging (J)	Perceiving (P)
Coming to a conclusion	Taking in information

A survey was conducted on 676 students who enrolled in a compulsory English course opened for freshmen at H and N university. Students had an English class once a week and they did not have experiences in MBTI and blended learning.

2. Data Collection Procedures and Method of Analysis

Qualitative data was gathered from students' reflective journals, interviews, a questionnaire, and group work of MBTI for 15 weeks. These data were analyzed to identify relationship between MBTI and English learning.

[Table 2] Number of Subjects of MBTI and English Learning Areas

MBTI Personality Types		English Learning Areas
Extroversion	292	Speaking, Listening, Writing, Reading
Introversion	384	
Sensing	424	Preference Materials, Strategies for Learning and Test
iNuition	252	
Thinking	238	Preference English Area and Teacher Types, Motivation
Feeling	438	
Judging	242	Self-Directed Study, Attitude toward Learning
Perceiving	434	

Ⅳ. RESULTS

Es like speaking activities such as show-and-tell, drama, discussions, debates, group study while Is like listening, reading, and writing activities such as teacher readings, individual work or pair work where Is want to get a partner who is a close friend. Is prefer to study alone in quiet places and they like to learn on-line. Is need to lower their high affective filter when they happen to speak suddenly.

Ss like to use their five senses to learn English. They like audiovisual activities and real life materials. On the other hand, Ns like divergent thinking. They prefer materials which stimulate their imagination. For example, they like these kind of movie such as Matrix or The Lord of the Rings.

Ts like to ask questions to their teacher and prefer debates. They like well-informed teachers and need to have optimal tolerance of ambiguity while Fs like drama activities because they are empathic. Fs like cooperative learning, peer tutoring, and journals. If Fs like their teacher they do their best and vice versa.

Js need course outlines. They like to plan their learning schedules and keep their own promise for learning. Js are good students in Korean education system because they self-directed study by themselves. But Ps need self-monitoring and they often have trouble focusing in class which takes long time. Teachers need to change activities every twenty-minutes when they teach Ps. If Ps learn English on-line teacher need to check their learning schedules.

V. CONCLUSION

Teachers can use the results from the study to analyze the techniques they currently use or select appropriate techniques depending on their students' MBTI types.

More research needs to be done about personality types and English learning, and teaching strategies that would help students and teachers improve English learning and teaching strategies effectively on-line and off-line.

REFERENCES

Alice M. Fairhurst & Lisa L. Fairhurst. (2009). Effective Teaching Effective Learning. USA: Davies and Black

Brown, H. (2007) *Principles of Language Learning and Teaching* (p. 179).

New York: Pearson Education, Inc.

Carrell, P., Prince, M., Astika, G. (1996). Personality types and language

learning in an EFL context. *Language Learning, 46*, 75-99.

- ■ 두뇌와 영어학습
  - 뇌가소성(Plasticity) 이론 : 뇌에 일정량의 자극을 일정기간 가해지면 뇌 신경계가 변화를 일으켜 그 상태로 유지되는 현상
  - 원숭이 실험 : 손가락을 잘랐더니 뇌의 어떤 부분이 손상됨 → 손가락에 자극을 다시 주었더니 뇌의 손상된 부분이 다시 살아남

- 모든 뇌는 적절한 자극을 주면 다시 살아난다!
- **뇌의 소거 기능** : 일정 기간 자극이 없으면, 필요 없다고 판단하여 뇌의 기능을 발달시키지 않는다.
- 한국인이 L과 R을 구분하지 못하는 이유는 R이 한국어에 없기 때문에 살면서 필요하지 않게 되었고, 그 둘을 변별하는 뇌의 능력이 상실된다.
- 의도적으로 노력하여 일정기간 영어를 연습하면 뇌는 영어가 필요하다고 판단하고 영어 학습에 필요한 뇌가 살아나서 영어가 쉬워진다.
- 궁금해 할 때 뇌는 의도적 집중을 하게 되고, 5회 반복되면 장기기억으로 들어온다.

"이게 뭐였더라?" → **"아! 맞다! 그거였지!"**

Quiz 1 뇌 가소성 이론이란?
 : 뇌에 일정량의 자극을 일정 기간 주면 뇌 신경계가 변화하여 뇌의 담당 영역이 다시 살아난다는 이론.

3강 복문 쓰기 연습 - 쓰기 교정 연습

■ 학습목표

복문 쓰기를 연습한다.
영어쓰기를 교정하는 연습을 한다.

영어쓰기연습

- 복문 쓰기 - 쓰기 교정
- 2 유용한 관용 표현
- 3 관계대명사 만들기

1. 복문쓰기연습 - 쓰기교정연습

1. There is a beautiful girl who is sitting on the bench.
   → A beautiful girl is sitting on the bench.
2. There were hundreds of people who studied their history.
   → Hundreds of people studied their history.
3. Those who were invited to the birthday party wore Korean traditional costume.
   → Those invited to the birthday party wore Korean traditional costume.
   * wear - wore - worn
   * Korean traditional costume 한복

■ 유용한 관용표현 (Useful Expressions)

1. account for ~ : ~에 해당되다
2. as far as S be concerned : S와 관련 지어 본다면
3. be about to V : 막 ~ 하려 하다
4. be faced with ~ : ~에 직면하다

5. be involved in ~ : ~에 관여하다
6. cannot help ~ing : ~하지 않을 수 없다
7. come across ~ : 우연히 마주치다
8. cope with ~ : ~에 잘 대처하다
9. in a nutshell : 간단히 말하면
10. in no time : 즉시
11. make it a rule to ~ : 규칙적으로 ~ 하다
12. occur to someone ~ : ~ 에게 갑자기 (생각이) 떠오르다
13. on and off : 자주
14. on behalf of ~ : ~을 대신해서
15. once in a blue moon : 아주 드물게
16. so to speak : 말하자면
17. state-of-the-art : 최신식의
18. take into account ~ : ~을 고려하다

● 관계대명사 만들기

문법(Grammar) : 관계대명사

선행사(명사)	주격	소유격	목적격
사람	who	whose	whom
사물	which	whose	which
사람+사물	that	-	That
사물(선행사 포함)	what	-	what

1. 주격의 경우

   Your parents are the people. They love you most.
   1) 두 문장에서 the people와 they는 동일 인물이므로 관계대명사로 바꿀 수 있다.
   2) 뒤에 있는 they를 who로 바꿔준다. 주어 자리이고, 선행사가 사람이기 때문이다.

Your parents are the people who love you most.

2. 소유격의 경우

I saw a house. Its roof is white.

1) a house와 its가 동일하므로 뒤의 대명사 its를 관계대명사 소유격으로 바꾼다.
2) 소유격 관계대명사는 사람과 사물 모두 whose이다.

I saw a house whose roof is white.

　　　　　　소유격 + 명사 (its roof) = 명사구

* 명사와 명사구의 차이

　boy 명사 － a boy, my girls 명사구

　1) I saw a house (whose) roof is white.

　2) I saw a house (of which) the roof is white.

3. 목적격의 경우

This is the girl. I met her in the park yesterday.

1) the girl과 her가 같으므로 her를 관계대명사로 바꾼다.
2) her가 타동사의 목적어 자리이고, 선행사가 사람이므로 whom으로 바꾼다.
3) This is the girl. I met whom in the park yesterday.
4) 다음으로 whom을 문장의 맨 앞으로 이동시킨 후 앞 문장과 결합시킨다.

This is the girl whom I met in the park yesterday.

4. 관계대명사 What (선행사 포함 : ~하는 것)

They asked me what I knew. I don't know what I did.
What I said is true. cf. I don't know what to do.

● 문법과 영작 - 관계대명사

> **Question!**
>
> 다음 문장의 빈칸에 적절한 관계대명사를 쓰시오.
>
> 1. Your parents are the people _____ love you most.
>
> 2. I saw a house of _____ the roof is white.
>
> 3. This is the girl _____ I met in the part yesterday.
>
> 4. Look at the book _____ cover is black.
>
> 5. They asked me _____ I knew.

정답 : 1. who 2. which 3. whom 4. whose 5. what

Quiz 1 적절한 관계대명사를 쓰시오.
They asked me (   ) I knew. 정답 : what

참고문헌

http://cafe.daum.net/openstudy1
http://www.ebse.co.kr

최영임 외 공저 (2013) Healing 영문법과 독해 기초다지기, 나노미디어
최기영 (2008) Synapse the Secret of English Master, 도서출판 국사래
황종배 (2003) 영어교수법, 방송대 출판부
박윤주 외 (2009) 영어교수법, 방송대 출판부
이명애 (2012) 엄마는 영어중독자라니까, 미들하우스
권경원 (1993) 동명사와 부정사에 관한 의미론적 연구, 영어영문학연구, 265-285
Douglas Brown (2007) Principles of Language Learning and Teaching, Longman
Jeremy Harmer (2004) How to Teach Writing, Longman
Keith Johnson (2008) An Introduction to Foreign Language Learning and Teaching, Longman